成功法則シリーズ

「問題発生時の対応力を付ける」ための成功法則

大前 暁政 著

明治図書

プロローグ　教師になるまで

私が教師になった頃、学校現場は、学級崩壊の嵐に見舞われていた。

小学校一年生の学級でも、学級崩壊は起きていた。

教師の指示が通らない。授業中も遊び回っている。

中には、教師に反抗し、暴言を繰り返す子もいる。トラブルを頻繁に起こす子もいる。

私のいた地域では、小学校一年生、五学級に対し、補助教員も合わせ、十名体制で指導を行う学校もあった。通常の二倍の人員配置である。

それだけ、小学校での学級崩壊は深刻化していた。時に、学年全体が荒れることもあった。

小学校一年生での学級崩壊は、日本の義務教育史上、初めての出来事であった。

一年生の学級で学級崩壊が起きるのだから、高学年の学級崩壊は、さらにすさまじい状況だった。対教師暴力・暴言や、器物破損など、様々な問題が日常的に起きていた。教室の窓ガラスは割られ、壁には落書きがあり、掲示物は破られ、教室の床はゴミだらけになっていた。

日本全国で、学級崩壊の現象が見られ、様々なメディアで報道されていた時代であった。現場は混乱していた。

さて、幼い頃の私の夢は、教師になることだった。

父も祖父も曾祖父も教師であった。また、他の親戚にも教師が多くいた。校種も、小学校から大学まで様々だった。そんな影響もあり、将来教職の道を歩みたいと、幼い頃から考えていた。

私が幼い頃、親戚が集まった席で、ふと尋ねたことがあった。

「将来、学校の先生になりたい。先生になったとき困らないよう、秘伝の書みたいなものをくれよ」

すると、一斉に笑い声が起きた。「そんなものはない」と言うのである。

私は、忍者や剣術家、戦国武将が子孫に残したように、何らかの秘伝書が教師の世界にもあると、当然のごとく思っていた。しかし、そんなものはなかったのである。

私はなお食い下がって大きな声で言った。「秘伝の書がないなら、自分のためにつくって、この家の宝として残しておいてくれよ」

「わかったわかった」、「そんなものが本当にできたら残しておくよ」、そう言われてその場は終わった。

それ以降、幼い私は、いつ秘伝書が渡されるか楽しみにしていた。正月、お盆と、親戚が集まるたびに、まだかと催促していたのである。巻物のような立派な秘伝書がもらえると思っていたのだ。

結局、その秘伝書は、つくられることもなく、私に渡されることもなかった。

私は教員として、四月に赴任する年齢になっていた。

私は、秘伝書のないまま、学級崩壊の嵐の中に身を投じていくこととなった。

私の長年の問題意識はここから始まっている。教師の世界に秘伝書がないのはおかしい。後世に伝えるべき「どの時代の教師にとっても大切な知恵」があるはずだと。

だからこそ今、後進に伝えたい知恵を、少しでも残したいと願っているのである。

本書では、私が現場に適応する中で起きた様々な出来事を、どう乗り越えたか紹介していく。

※本書は、既刊書『若い教師の成功術』（学陽書房）、『20代でプロの教師になれる』（学事出版）、『大前流教師道』（学事出版）、『教壇に立つのが楽しみになる修業術』（ひまわり社）を加筆・修正し再編集してつくられた「要諦集」である。

※なお本研究の一部は、JSPS科研費JP20K03261の助成を受けて行った。

CONTENTS

Chapter 2

気になる子ども達に立ち向かうための成功法則

CONTENTS

3 集団で学ぶ効果を高める

4 運動が苦手な子どもへの体育指導

5 一人ひとりに最適な教育を目指す

Chapter 4 学級集団の荒れに立ち向かうための成功法則

1 どんな学級集団を育てたいか

CONTENTS

Chapter 5

学校現場における問題に立ち向かうための成功法則

Chapter 1

新卒教師が過酷な現場に立ち向かうための成功法則

1 新卒教師と「困難な学級」の子ども達との出会い

1 提灯学校―夜遅くまでの勤務が常態化

最初の赴任地は比較的大きな小学校で、学校には八百名近くの子どもがいた。

地域からは「提灯学校」と呼ばれていた。夜遅くまで学校の灯が消えないので、名付けられたものである。

教師は、子どもの問題行動に追われ、通常の仕事が滞り、夜遅くまで勤務するのが常だった。定時に帰る教師は、皆無に等しかった。

赴任してすぐ挨拶まわりが始まった。大規模校なので、毎年十名程度、教師が赴任してくる。そのため、地域の関係者全員に挨拶に行くのが慣例となっていた。

校区は広く、車で各地域を回ることになった。学校から車で三十分以上かかる山間の集落にも立ち寄った。子ども達はバスで通学しているとのことであった。

私は、新卒であり、新規採用であり、しかも新しく赴任した教員という立場だった。当然、最も挨拶まわりが多かった。教育委員会への挨拶から始まり、地域のＰＴＡ会長など、多くの人への挨拶を一日中行った。何と、学校に赴任して最初の二日間は、挨拶まわりだけで終わったのである。

赴任三日目からは、連日会議が開催された。職員会議が最も長く、半日かかっても会議が終わらなかった。校務分掌の引継ぎの会議もあった。前担任からの引継ぎや、文書の受け渡しなどもあった。

おまけに学年会議というものがあった。学年の教員三～四名で、四月の行事は誰がどう担当するか、宿題はどの程度出すか、各学級の掃除分担はどうするのか、といった細々したことを話し合うのである。学年会議は予告なく突然始まり、毎回一、二時間かけて行われた。

ようやく一人になり、学級担任の仕事が始められたのは、学級開きが始まる前日であった。「せめて子どもの名前は覚えておこう」、「子どもの実態調査だけはしておこう」と思った。家庭調査票や指導要録などを見ていると、時間はどんどん過ぎていった。

ふと気付いて、教室もきれいに片付けておこうと思った。机や椅子を拭いてまわった。私が受けもつ学級には四十人を超える子ども達がいた。机を整列させると、教室は雑然とした雰囲気になった。ロッカーや靴箱に目をやると、番号やクラス名のシールが去年のままで剥がれているのが気になった。教室の掲示も去年のままでボロボロであった。全部新しいものに変えることにした。

こうして、前日の作業が全て終わる頃には、日が暮れて真っ暗になっていた。職員室だけが遠目にオレンジの光を放ち、夜空に浮き上がっているようだった。

2 「学年主任用クラス」＝「最も困難な学級」

私が担当する学年は、三年生だと校長から告げられた。新卒はだいたい三年生を受けもつから、というのが理由だった。

校長から担当学年を告げられてしばらくしてのことである。学年主任から、「先生の学級が決まりました」と、学級名簿を渡された。大規模校なので、一学年には複数の学級がある。

渡された学級の名簿には、大きく「学年主任用クラス」と赤で記載されていた。新卒の私には、その文言の意味がわからなかった。

文言の意味がわかったのは、管理職と学年主任のやり取りをたまたま耳にしたときである。

私が職員室に戻ってきたタイミングで、管理職と学年主任が大声で話していた。「新卒に、最も困難な学級を任せて大丈夫なのか」と。

しばらくして、他学年の教師が事情を教えてくれた。私が受けもつ学年は、昨年度深刻な学級崩壊を起こしたというのである。しかも、年度途中から、荒れは学年全体に波及していた。

授業中に立ち歩きや私語が止まらず、集団で教室を脱走していた子もいたという話であった。

素行の悪い子の中には、授業妨害がひどいので教室に入ることを許されず、別教室で学ぶよう命じられた子もいた。生活場面でも、教師に暴言を吐いたり反抗したりと、手が付けられなかったというのである。

四月の家庭訪問では、保護者が異口同音に私に教えてくれた。

「先生の学級に、去年の問題児が集まっている」

「保護者が多数見に来る参観日ですら、立ち歩きや教室からの脱走があり、授業が成立していなかった」

おまけに、担任した子ども達も、会ってすぐに私に言いに来る始末であった。

「○○ちゃん達は、前の年に、みんなで授業中に脱走していたんだよ」

「○○ちゃんはいつも先生に向かって文句を言ってたんだよ」

小学校一年生や二年生の荒れに関して、私はイメージをもてていなかった。

しかし、荒れた子ども達のすさまじい目つきや暴言を、すぐに思い知ることになった。小学一年生ですら、目が三角になり、大人顔負けの暴言を吐くのである。

これには、家庭の崩壊や、虐待の問題も関連していた。子どもの暴言や行動は、家庭を映し出している側面もあったのである。

前担任団は、学年全体が荒れたことに対し責任を感じていた。そして考えた末に行ったのが、荒れの中心人物を一つの学級に集め、それを学年主任が受けもつという策だった。そうすれば、別の学級は荒れなくて済む。そう考えたのである。それゆえ、名簿に大きく赤で、「学年主任用クラス」と書かれていたのだ。

この全貌を知るのは、私は学級開き後のことであった。

3 出会いの日にした山の話

始業式、ひときわ騒がしい子ども集団がいた。私が受けもつ子ども達だった。式の最初から最後まで騒いでいた。友達を蹴ったり叩いたりしている。校長の話などまったく聞いていない。

始業式後に、別教室への移動となった。百名を優に超える三年生の全員が、一つの部屋に集められた。新学年の始まりということで、「学年開きの会」を行うのである。担任の自己紹介と、今後の予定を簡単に説明する会であった。

学年主任の挨拶中、次のような言葉が飛び交っていた。

「帰れ！　帰れ！」「うるさいんじゃ！」

子ども達が、前に立った教師に対して、次々と暴言を吐くのである。私は耳を疑った。が、確かに後ろに座っている集団が、暴言を吐いているのである。

学年主任は、はじめ平然を装っていた。が、ついに耐えきれなくなり、途中で怒鳴り声を上げ始めた。主任がいくら注意しても、子ども達の騒々しさは変わらない。叱られ慣れているのか、平気な顔をしている。大笑いしながら、友達と私語や叩き合いを続けているのである。暴言を吐いていた子ども達の多くは、私の学級であった。

すさまじい騒音の中、私の自己紹介の番になった。私は自分の名前を伝えた後、次のような話をした。

「みなさんに尋ねます。山は何でできているでしょうか？」

騒々しい中、前にいた何人かが、「木」と答えた。すかさず「おしいですね。五十点です。木のない山もあるからです」と返した。

次に「砂？　土？」と答える子どももがいた。「すごいですね。八十点です。砂や土は多くの山にありますね」このあたりで、話に耳を傾ける子が増えてきた。

いくつか意見が出されたが、百点が出ない。そして、「えーわかんないよ」と子ども達が口々に言い出した。「では答えを言います」と言い、少し間をとり、「実は、山は大きな石なのです」と告げた。

「へぇー」、「そうなの？」と、子ども達は反応した。

「山が大きな石でできてるなんて普通気付かないよねえ。山は見えてるけど気付かないよねえ。学校は見えてるけど見えないものを勉強するところです。みんなと楽しく学べたら先生も嬉しいです」

こう締めくくった。話を聴いていない子はずっと騒いでいた。しかし、何人かは私の話に耳を傾けてくれた。興味・関心を高める話を繰り返すことで、いつか子ども達は自分の話を聴いてくれるだろう。そんなことを考えていた。

4 新卒の学級開き

学年開きが終わり、休み時間となった。子ども達は飛ぶようにして運動場へ遊びに行った。私は職員室に戻り、準備をしてから教室へと向かった。

教室に入ると、皆元気に走り回っていた。騒々しい中、私は、どう挨拶しようかと考えていた。何しろ、教師として初めての学級開きの会なのである。

休み時間が終わり、学級開きの時間となった。ところが、子ども達が教室に帰ってこない。外でドッジボールをしているのである。他学年は教室に帰っているのだから、時間が過ぎていることは子ども達もわかっている。確信犯なのだ。

呼びに行くことも考えたが、教室で待ってみることにした。多くの子は時間を少し過ぎたぐらいで帰ってきた。しかしなかなか帰って来ない子もいる。

ようやく、ドタバタとやんちゃな男の子集団が教室に帰ってきた。先ほど学年集会で騒いでいた集団だった。

小学校三年生といえど、やんちゃ坊主はなかなかのもので、「遅れてごめんなさい」の一言もない。何でもない顔をして、席に着いた。

初日にして、式や集会の最中に騒ぎ、平気で時間を守らない子ども達。学級開き以前に、様々な問題が発生していた。

私は、学級の統率者として、さっそく一つの決断を迫られることになった。

「子どもを叱るべきか」「最初だから、不問にし、楽しくやるか」

数秒考え、私は、叱る方を選ぶことにした。

まず、「遅刻した人は立ちましょう」と告げた。そして、「何をしていましたか」と簡単に質問した。言い訳を一通り聞いた後、これからはきちんと時間を守るよう伝えた。

続いて、「始業式のときや、担任紹介のときに、騒いでしまったなと思う人は立ちましょう」と告げた。周りをうかがいながら幾人かが立った。「今、正直に立った人は、先生は立派だと思います」とほめた。「まだふざけていた人がいるはずです」と言うと、すごすごと後から二、三人が立った。次から気を付けるように言い、座らせた。

叱る決断に従ったものの、せっかくの学級開きなのに、説教から始めてしまったことを悔やんでいた。私は楽しく学級開きがしたかった。だから、このようなお説教をいきなり、初対面でしても良いものかと不安であった。

しかし、結果として、この対応は良かったのだった。時間にして三分程度だったが、教室の雰囲気は、先ほどとガラッと変わって、ピンと張り詰めたのである。

「悪いことをすると、きちんと先生が怒ってくれるんだ」

「先生はしっかりしているぞ」

子ども達はそう思ったようである。この指導後、学級の雰囲気は一変した。

始業式や担任発表のときまでは、学年全体が楽しいという雰囲気ではなく、ふざけた雰囲気があった。だが、この話をしてから、ふざけた雰囲気はどこかへいってしまった。といっても、子どもの表情が曇ることはなかった。最後に行ったゲームでも、明るく素直に楽しむ雰囲気が見られた。

一日目の終わりに、全員の子と握手をした。

学級開き後、管理職から事情説明があった。「三年生だけ騒がしかったのは、実は昨年度学級崩壊を起こした学年だったからだ。最後の方は、学年全体が荒れてしまった」

そして、最後にこう告げられた。「新卒には無理な問題もある。放っておけば良い」

出会いから問題が発生していたが、不思議と嫌な気はしなかった。子ども達がエネルギーに満ち溢れていることを感じていた。遠慮のない底抜けに明るい子ども達を前に「ああ。ここには教育実習にはなかった本当の子どもの姿がある」そう感じたのであった。

5 日々起きるトラブル

学級の問題は山積みだった。

授業では、学ぶという姿勢が見られなかった。何と言っても、前年度は授業が成立していなかったのである。子ども達は、その環境に慣れてしまっている。いや、それが当たり前だと思っている。

私語は止まず、立ち歩きは止まらず、騒乱状態であった。特に、昨年度集団で脱走を繰り返していたという男子集団は、授業中の立ち歩きなど平気だった。

授業中に取っ組み合いの喧嘩が始まることもあった。グループに活動を任せていると、所々で言い合いが発生し、大声での罵り合いになり、取っ組み合いが始まるのである。

その他、暴れ出す子、大声で奇声を発する子、私語が止まらない子、嫌なことがあると保健室に駆け込む子など、学習以前の対応に追われた。四十人を超える子がバラバラの動きをするのである。

落ち着きのない子が数名おり、動き回って大声を出していた。落ち着きがない子の中には、あまりに授業妨害がひどいので、昨年度教室の外に机を放り出された子もいた。本人に聞いてみると、けろっとした顔で、運動場に机を放り出されて一人で勉強したと答えた。

日常生活でも、ルール、マナー、モラルが身に付いていないと感じる出来事が多々あった。ゲームを持ってきて遊んでいる子、休憩時間にお菓子を食べている子などがいるのである。個別に注意しても、らちがあかなかった。次の日には別の子が、お菓子やゲームを持ってきて遊んでいるのだ。

荒れを感じさせるのに象徴的だったのは、「背の順に並ぶ」ことさえできないことだった。「机やイスの高さを調節するので、背の順になってごらん」と言うと、もうそれだけで五分も十分もかかった。

背の順に並ぶことでさえ、喧嘩を乗り越え、誰かがわめきだし、何人かが泣き出し、十分後にどうなっているかというと、デタラメの背の順の列ができあがっているのである。

しかも、時間をかけて並ぶ順番を決めたのに、次の日には「成長した」、「自分の方が背が高い」と言い出す子がいて、喧嘩が始まるのだ。そして違う順番で並んでいるのである。

もちろん、私の教師としての力量が未熟だったことも反映している。しかし、周りの教師が同情してくれる程度の状況ではあった。

他にも、遅刻や暴言、不登校、いじめ、虐待が疑われる事例など、直ちに解決に向け動く必要のある事例が数多くあった。

とりわけ虐待が疑われる事例には対応が急がれた。私は、家庭の事情があり、不登校になっている子を迎えに行くため、朝早くから学校に来るようになった。

朝、校門前でその子を待ち、もし来なかったら家まで迎えに行くのである。

学校からかなりの距離があるため、車で訪問しないと時間がかかる。しかし、どこにいるかわからないときがあるので、走って家まで行くようにした。家に帰らないことも時々あったからである。

広大な田園の中、その子がぽつねんと座っているところを見つけ、一緒に家に帰ったこともあった。保護者に事情を聞き、学校の用意をし、一緒に登校するという具合だった。

家庭訪問を繰り返し、保護者との対話を繰り返した。若気の至りで、語気を強めて話をすることもあった。一年後、訴えの真剣さが伝わったようで、状況は改善された。その子は結局、卒業まで一度も不登校になることはなく、元気に学校に通うことができた。私が担任した一年後には、保護者も子どもも、私に感謝の言葉を述べてくれた。

6 ルールの確立で遅刻を激減

荒れた学級の騒乱ぶりは、担任するまで、まったくイメージできていなかった。

他の荒れた学級を担任した教師の中には、一週間で声が出なくなった人もいた。「静かにしなさい」、「話を聞きなさい」を連呼し続けたからである。

さて、四月早々、私を悩ませたのは、「ルールが通用しない」ことだった。

何せ、チャイムが鳴った時点で、教室には半分の子しか集まっていないのである。運動場で遊びまわっているからだ。チャイムが鳴ると同時に、私は遅刻した子を集めにいかなくてはならないのである。

遅刻者を呼び回っているうち、教室にいた子も騒がしくなってくる。

全員が集まる頃には、授業開始時刻を大幅に過ぎているし、教室は騒乱状態になっている。

この状態を何とかしなくてはならなかった。ルールを打ち立てる必要があった。

しかし、去年まで遅刻が当たり前の世界にいた子ども達である。遅刻のたび叱っても、次の時間に遅刻をしてくる。

何か指導を工夫する必要があった。

ある日、次のように宣言した。

「先生は、チャイムきっかりで授業を終わります。みんなも、休み時間の終わりのチャイムが鳴ったら、席に着いておきなさい」

このように約束した。さらに、付け加えた。

「もし、みんなの中で理由がないのに遅刻した人がいたら、遅刻の時間だけ授業を長くします。授業時間は四十五分と決まっているからです」

さて、次の時間さっそく遅刻する子が出た。それも十人ほどいた。

「チャイムの合図で、きちんと席に座っていた人は立派です。約束が守れるというのは、とても大切なことです。でも、遅刻してきた人がいました。約束通り、遅刻した分だけ授業を延ばします。きちんと待っていた人は、休み時間が少なくなって嫌ですよね。遅れた人は、きちんと待っていた人に謝りなさい」

このように、授業開始に座っていた子をほめ、遅れた子に謝罪させたのである。

シンプルな方法だが、これで遅刻は激減していった。しかも、短期間に劇的な変化を見せたのである。

新卒の私が用いた方法は、「理想の状態を、趣意説明しながら示す」、「良し悪しを評価する」という方法である。これは、ひょっとしたら稚拙な方法であったかもしれない。

他にも良い方法はあっただろう。例えば、遅刻した子を待たずに、さっさと楽しい活動を始めてしまうのも、その一つである。真面目な子が得をする状況をつくれば、皆チャイムの合図を守ろうと思えるはずだ。

稚拙な方法だったとしても、新卒の私には、重要な場面であった。去年まで遅刻が当たり前だった状況が改善されたからである。

教育方法と呼ぶのも恥ずかしいほど、ささやかな工夫を知った。教師は様々な教育方法を知り、それを臨機応変に使えないといけないのだと気付けた。たった一つのルールを徹底することでさえ、何らかの「教育方法」が必要だったのである。

7 日々の生活場面での指導

さて、日々の生活場面でも問題が生じていた。それは、自分の役割を果たそうとしないことである。例えば、掃除が時間内に終わらない。長時間かかっているのに、きれいになっていない。当番の子がずっと遊び回っているからだ。

しかも、遊び方がすごい。中庭に上靴のまま飛び出して、追いかけっこをしているのである。運動場まで飛び出している子もいる。上靴が泥だらけになるのだから、教室は掃除前より汚れてしまう。その他の当番活動も同様である。給食でも、日々の学級での仕事でも、まともに自分の役割を果たそうとしない。そして、そのことに悪気もなさそうなのだ。

ここでも何らかの教育方法が必要だと感じていた。

効果のない方法はすぐにわかった。個別に指導しても、一時的にしか効果はない。しばらくすると、他の子につられて、遊んで過ごすようになる。

叱っても効果は薄い。むしろ余計にやる気がなくなってしまう。これもだめな方法であった。

思案して試してみようと思ったのは、「仕事内容を明確に示し、やり方を教え、できているかどうかを見取り、一人ひとりを評価する」という手法だった。

私はまず、「仕事内容と担当者を、明確に示す」ことにした。

「草抜き当番の人は集まりましょう。今日から、草抜きをしてもらう場所を決めます。中庭の芝生の草抜きは、○○君。水道周りの草抜きは、○○さん。こんな風に草を抜いて集めてください。後で、先生がどれだけできたか確認します。頑張りましょう」

しかも、掃除の手本を私がやって見せるようにした。手本通り上手にできていたら、そのことを称賛していった。できていないなら、「こんな風にやるといいよ」と助言した。

仕事はできるだけ、一人一役になるようにした。

その他の当番活動も同様に伝えていった。例えば黒板清掃の当番では、これまで三～四人で仕事を担当していた。そこで、一時間目の終わりに黒板を消すのは、○○君、二時間目の終わりは、○○さんというように、役割を明確にした。やり方も私が示していった。

その上で、仕事の様子を確認し、評価する仕組みをつくったのである。とにかく、誰かが確認するのは、教師であったり、日直であったり、チェック係であったりした。仕事の成果を確認するようにしたのである。

冷静な目で全体を見ると、頑張って掃除をしている子もいるのである。遊んでいる子がどうしても目立つので、これまで私はその子に向けて指導してしまっていたのだ。

「頑張っている子は認められ、ほめられる」そういう環境をつくることで、子ども達は役割を果たすようになっていった。

ここでも教育方法を学ぶ必要性を思い知ることになったのである。

8 授業がうまくいかない現実

授業に遅れてくる子がいなくなったのは、私にとって喜ばしいことだった。

だが、新たに困ったことが発生した。授業がうまくいかないのである。

私は、できる子も、できない子も活躍する授業を目指していた。

ところが、現実は、まったく逆の様相を見せていた。

休み時間には、元気よく楽しそうに過ごしている子ども達。

ところが、授業になると、とたんに表情が暗くなった。授業が面白くないので、やんちゃな子は、私語を始める。学習と関係ないことを発表する。かろうじて、気の利いた子が、まともな発言をして、授業が進んでいた。他の子は、黙っていた。というより、ボーっとしていた。

それが私にもわかっていた。しかし授業がうまくいかないのである。十回に一度も、良い授業ができたと思えることはなかった。

せっかく、四十五分間の授業時間を確保できるようになったのである。

何とかして、授業を充実させたかった。もっと授業に熱中させたかった。

しかも、チャイムピッタリに終わると宣言したのだ。時間内に授業が終わるよう、時間配分も考えなくてはならなくなった。事前に計画を立てて授業をする必要があった。

9 研究授業で得た金言

私は、初任者の指導教員に、お願いすることにした。

「授業で悩んでいます。子どもが面白くなさそうにしているのです。私の授業を見てくれませんか。指導案も書きます。何が良くて何が悪いのか、教えてください」

一回目の研究授業は、四月十五日に行った。学級開きから一週間後であった。

教科は音楽である。音楽指導の情報を片っ端から集め、指導案をつくった。

二回目の研究授業は、四月二十三日に行った。一週間後である。

国語の音読だけに絞って指導案をつくった。このときも音読に関する様々な情報を集め、指導案をつくった。

放課後、私の授業への批評をもらった後、初任者指導教員にお願いした。

「是非、私のクラスで授業をしてみせてもらえませんか」

指導教員は、快諾してくれた。私が授業をした次の日の四月二十四日に、授業をしてもらった。しかも、私がやったのと同じ「音読の授業」である。

指導教員と私の交互の研究授業は続いた。私が授業をした次の日に、すぐに模範授業をしてもらうのである。

五月七日には、算数の研究授業を行った。わり算の学習である。

さらに次の日の五月八日に、指導教員に算数の授業をしてもらった。

私の研究授業はその後も続く。五月十日、五月十三日にも、研究授業を行った。

やがて、この自主的な研究授業に、空き時間の教師も参観してくれるようになった。校長や教頭をはじめ、ベテランから若い教師まで参観してくれた。

研究授業であるから、その教科の情報を集め、指導案の形にして、参観者に配付した。

授業後には、必ず反省会を行った。

私は、授業の「良いところと悪いところ」をはっきりさせたかった。

反省会で得た言葉は、今も金言である。特に私の心に残ったのは、次の言葉だった。

「子どもの良さを見つけ、みんなの前でほめてあげ、子どもに自信をもたせてください」

どの子にも「良さ」がある。やんちゃでどうしようもない子だって、絶対に「良さ」がある。

その「良さ」を見つけ出し、ほめてやることで子どもを伸ばす。それが、教師の姿勢として、心に刻まれることとなった。

10 授業の上手い、下手の違い

授業交流を初任者指導教員と行っていく中で、私にとって大きなショックだったのは、子どもの反応の違いだった。

私が授業をしたときは、沈黙する。下を向いたり、窓の外を眺めたり、手悪さをしたり……、授業に熱中しない。私語を始める子もいる。

ところが、次の日に指導教員が授業すると、子どもは授業に集中する。時に熱中する。

ある日、指導教員が算数の模範授業をしてくれた。一時間で文章問題を二問解く内容だった。すばらしい授業ということは子どもが教えてくれた。いつもは授業など面白くないと言っていた子ども達が、何と休み時間も授業の続きをしようと言ったのである。

一問目と二問目で、考え方をほんの少し変化させなくてはならず、子どもによって答えが分かれていた。活発に意見が飛び交い、一生懸命発表する子ども達に圧倒された。討論の状態になったのである。

指導教員の授業の後で、札付きのやんちゃ坊主が言った。

「休み時間も、授業の続きがしたい」

この言葉に愕然となった。私はこのとき、自分の授業力のなさを嫌というほど痛感した。

「授業の上手い、下手はどこからくるのか？」「どうすれば、授業が上手くなれるのか？」

そんなことを考えていた。

最初の参観日で、保護者から言われた。

「先生の授業はいいですね。子ども達が、机にちゃんと座って勉強しているなんて、もう何ヶ月ぶりのことですよ。久しぶりに見ました。去年は、参観日でさえ、まともに席に着いていなかったんだから」

有り難い言葉をもらった。だが、ある種の引け目を感じていた。私より、指導教員の方が何倍も授業が上手いのである。私が担任している意味は何なのかと、日々、自問自答していた。授業の上手い指導教員の方が担任としてふさわしいのではないか。そう思わざるを得なかった。

ただ、このとき、あせりは感じていなかった。いつか自分も、指導教員と同等の力を身に付ければ良い、ぐらいに思っていた。

ちょうどその頃、隣の学校で公開授業があった。私は初任者研修の一環として参観することになった。

たまたま入った小学校三年生の教室で、驚くべき光景を目にした。

一年齢が一つ上の若い教師が教えていた。その教え方が、実にすばらしかったのである。子どもが一生懸命思考している。発表もしている。何より、休み時間の楽しさそのままに、授業が楽しいという気持ちが子どもの全身から感じられる。

頭から足の先まで硬直するぐらいのショックを受けた。私と同年代の教師が、こんなにすばらしい授業を展開している事実に、愕然となった。

このときである。授業力は磨かなければ決して向上しないし、磨けば磨くほど、若くても授業の力は向上すると確信した。

その後私は、その教師を誘って授業研究会を立ち上げた。それほど私にとってはショックな出来事だった。何としても授業を向上させる場をつくりたいと願ったのである。

11 必要なのは情熱よりも教育方法

私が一年目に、授業の未熟を痛感させられたのは、ある意味、幸いだった。教育方法を真剣に学ぶ決意が固まったからである。

楽しい学級にしたい思いは人一倍あった。私の小学校時代に、担任が楽しい学級をつくってくれていたからである。恩返しをしたいと思っていた。

ところが、教育方法を身に付けていないと、楽しい学級の実現は、夢のまた夢であった。教育方法がなければ、楽しいどころか、毎日叱って過ごす羽目になるのである。

それを私は一年目に腹の底から実感した。授業一つとってもそうであった。

教育方法を知らないから、うまく指導できない。だから子どもは楽しくない時間を過ごす。そして成長もできない。自信も高まらない。子ども達は、うまく指導できない教師の言うことは聞かない。

反抗するようになる。それは人間として自然なことである。教師は、注意したり、叱ったりするようになる。すると、子どものやる気はさらに低下していく。悪循環である。

「誠意」や「情熱」、「愛情」があれば、教師としてやっていけるという迷信は、今も教師の世界に根強く残っている。しかし、大きな間違いであり、幻想に過ぎないことを知った。

私と同年代の教師も皆、授業や学級経営が上手くいかず、悩んでいた。

ある若い教師は、学校を楽しくするという思いが強く、初日からお楽しみ会や、スポーツ大会を行った。そして、その後も楽しいイベントを定期的に実施し続けた。しかし、肝心の授業や学級経営の方法は身に付けていなかった。一年後、学級は荒れ、教師を辞める寸前まで追い込まれることになった。

他にも、学級が荒れ、精神的不調になり、入院した人もいた。

ベテラン教師の中には、威圧的な指導や体罰によって、授業や学級経営を何とか成立させている人もいた。ベテラン教師を見て学んだ若手の中には、そういった道に入る人もいた。

2 新卒教師の事件簿

1 真面目に見えた子ども達による「お菓子分け合い事件」

ある日、教室を掃除していると、菓子の袋が落ちていた。

ひょっとして子どもが持ってきたのかな、と思った。

しかし、すぐには子どもに尋ねず、様子を見ることにした。

数日後、教室にまたも菓子袋が落ちていた。しかも、今度は大量に見つかった。

仕方なく子ども達に尋ねてみると、誰も知らないという。

後になって、何人かの子どもが言いにきた。

「○○ちゃん達は、休み時間になると、友達とお菓子を分け合っているんだよ、先生」

その言葉を聞いたとき、最初は嘘だと思った。ところが、調べてみるとまぎれもない事実だった。

菓子を学校に持って来ていた子は、最初は一人でこっそり食べていた。しかし、そのうち仲の良い友達にも分けてあげるようになった。こうして多くの子が菓子を持ってきて分け合うようになった。

話を聞いたとき信じられなかったのは、その子ども達が、教室では真面目に頑張っているように見えたからである。私の前では、明るく真面目で、よくお手伝いをしてくれていたのだ。陰でルールを破り、菓子を分け合って楽しんでいるとは信じられなかった。まだ若かった私はそのことにショックを覚えた。

私は次のように学級全体に話した。

「お菓子の袋が教室に落ちていました。お菓子を学校に持ってきて食べることは許しません。そんな人がいたら二度としないでください」

このときは、指導が遅いことにも問題があった。最初に菓子袋を見つけた時点で、全体に注意喚起すべきだった。最初に見つけたときは、子どもが持ってきたと疑うより、保護者や地域の人が落としたと思ってしまったのである。

おかしいな、と思ったときにできるだけ早く指導しておけば、菓子を分け合うほどには発展していなかっただろう。

しかし、この事件の本質は、もっと別のところにある。つまり、授業や学級経営がうまくいっていないから、こういった事件が発生するのである。学級がうまく機能していれば、このような出来事は起きなかったはずである。

2 「くつかくし」からの再犯防止指導

ある日、男の子が訴えてきた。

外で遊んで帰ってきたら、上靴の片方がなくなっているという。

私と二人で靴箱の近くを探したが、見つからない。

仕方なく、もう少し広い範囲を探すことにした。すると、上靴はゴミ箱から見つかった。

いわゆる「くつかくし」であった。

この事件は、学級の荒れが、徐々に改善してきたところで起きた。

なぜ改善してきたときに起きたのか。その理由は、学級の雰囲気が変わることに抵抗感を抱く子の存在にあった。

特に、去年まで授業中でも教室を抜け出して遊んでいた子や、ゲームや菓子を持ってきて楽しんでいた子ほど、ルールが確立され、通常の学級に戻ることに抵抗感を抱いていた。そんなときにこの事件は起きたのである。

隠された子は、当然ショックを受けていた。「どうして自分が」と絶句していた。普段は、友達と仲良く過ごしている大人しい子であった。

隠した方は、ほんの少しのいたずら心でしたのかもしれないと思えた。しかし、された側の心の痛みを慮ると、許せるものではない。

私はその子にお願いした。

「ただのイタズラかもしれません。だから気にすることはないのかもしれません。でも、みんなに確かめたいので、この上靴をゴミ箱の近くに置いたままにしておいていいですか」

その子は「先生に任せる」と答えてくれた。

すぐ次の時間に、全員に尋ねた。

「上靴の片方だけなくなった人がいるのですが、何か心当たりはありませんか」

心当たりがあると名乗り出る子はいなかった。むしろ「そんなことは知らない」と口々に答えた。やんちゃな子ほど、「そんなの知らない！」「どうしてそんなことを聞くの！」と大声で主張していた。

こういう場合、正直に告白する子はまずいないと思えた。それに、ひょっとしたら仲良しの友達が、ほんのいたずらでやったのかもしれない。

犯人捜しは止めることにした。そして、再犯を防ぐ方向に指導をもっていこうと思った。

私は、次の指示を出した。

「○○くんの上靴が片方なくなったので、これから全員で探します」

十分ほどで上靴がゴミ箱付近で見つかった。すぐ教室に集まるように言い、話をした。

「靴箱から遠く離れたゴミ箱の近くで見つかることは、普通ではありません。誰かが、ちょっとしたいたずら心で上靴を隠したのかもしれません。でも先生は、こういういたずらは絶対に許せません。こういうことが許せない人は手を挙げてください」

この呼びかけには、全員が手を挙げて応えてくれた。

もし、隠した子がいたら「まずいな」と思ったはずである。自分以外の全員が、こういうことは許せないと言っているからである。また、学級の全員が「許せない」と表明したことで、隠された子は安心できたと、後で教えてくれた。

放課後になり、上靴を隠された子に、単なるいたずらだと思うから、気にしないよう伝えた。そして、もし今後同じようなことがあったら、すぐに教えてほしいと伝えた。くつを隠された子は、「たぶんもう大丈夫だと思う」と笑顔で応えてくれた。仲の良い友達が、励ましてくれたらしい。三人で仲良く下校していったのを見送った。

この指導後、このような「物を隠す」という行為は二度と行われなかった。

3 新卒教師の失敗事例

① 先生最高！ 友達みたい

新卒時代、子どもは、よく私の周りに群がってきた。休み時間には、いつも子どもと遊んだ。子どもが要求することを、認めることが多かった。「今日はドッジボールをするぞ」とイベントの時間をよくとっていた。そのたびに、子ども達は喜んで、教室には歓喜の声が上がった。

ところが、ある日、子どもがこんなことを言った。

「先生が担任で良かった。だって、よく全員で遊ぼうって言ってくれるし、少々のことを大目に見てくれるし、楽なんだもん。先生って友達みたい」

「楽でいい」「友達みたい」その言葉に、何か違うものを感じた。目指していた教師像は、こんなものだったのかと自問した。

新卒だった私は、優しい教師になりたかった。子どもに近い存在でありたかった。

だが、それゆえに、子どもと同格になってしまったのだった。

教師になったら、大上段から子どもに接するのではなく、子どもに近い存在になろうとしていた。しかし、子どもから見ると、「先生は友達みたい」「楽でいい」という感覚だったのである。裏を返せば、「もう少し頼りになる存在でいてくれ」と思っていた子が多かったということだ。

教育には、教師の厳しい姿勢も必要な場面がある。子どもの可能性を引き出すには、子どもとは一線を画した、真剣な、教育者の熱が必要な場面もある。

私は自分の態度と心構えを変えなくてはと思うようになった。子どもに優しい教師になろうとする部分は、今まで通りでかまわない。しかし、子どもの成長のために、厳しい姿勢も必要だと考えるようになった。

私のとった行動でまずかったのは、「子どもの要求をそのまま受け入れている」ことだった。子どもの要求はどんどんエスカレートしていった。

ひどいときには、私が、「次の時間は算数です」というだけで、「いやだ！　算数面白くないもん。次の時間体育しようよ！」と返ってくるまでになった。

担任として、学級を引っ張っていく気概を見せなくてはならなかった。

あるとき、やんちゃな子が、「次の時間は、全員遊びだ！　いいでしょ先生」と授業開始に言ってきた。

私は、次の時間は別のことをする予定だと答えた。

ところが、いつもの調子で子ども達が口々に主張する。「先生いいでしょ。次の時間遊ぼうよ」

ここで、折れてはいけないと思った。私は頑として受け入れなかった。

それでも子ども達が、「遊びたい！」と主張する。教室は騒乱状態になってきた。

結局私は折れず、予定通りにすることを告げた。

すると、いつも私のことを「先生大好き」と言ってくれる子ども達の態度が、急に変わった。「ちぇっ、なんでなの。先生厳しいな」「面白くないな」こんな声が聞こえた。

私が最初から、心の中に教育者としての厳しさをもっていれば、こんなことにはならなくて済んだはずである。優しい中にも厳しさをもって学級を引っ張っていかなくてはならない。このとき、嫌というほど味わったのだった。

② 指示を途中で曲げてしまう

四月、「定規で線を引きなさい」と指示したときのこと。

子どもが口々に、「定規を持ってきていないので、手でまっすぐ引いていいか」と言い出した。前年度は、定規を使って線を引かなくても良かったそうなのだ。

中には、「教科書でまっすぐな線が引けるぞ」と言い出す子もいる。

少し悩んでから、「一度ぐらいは、まあいいか」と許すことにした。しばらくして定規を持って来れば良いと思ったのだ。

さて、別の場面で、次のような指示をしたことがあった。

「朝の自習は、読書をしましょう」

すると、子どもが言い出した。

「前の担任の先生は、読書じゃなくて、プリントの問題集だったよ、先生」

融通を利かせたいと思っていた私は、指示を曲げることにした。

「あ、そうなの。じゃあプリントにしようか」

しかし、これが誤りの元だった。子ども達は教師を試していたのである。

「この教師は、何を言ったら、自分達の都合の良いようにしてくれるだろうか」

「この教師は、どれぐらいなら許してくれるだろうか」

このように、教師を「観測」していたわけである。

四月の最初、子ども達が教師を観測している時期に、私が指示を曲げたのはまずかった。少しぐらいなら構わないと思っていたが、甘かった。

このときの安易な指示の変更が、後に悲劇を招くことになる。

一ヶ月ほど経つと、子ども達は教師の言うことを聞かなくなってしまったのだ。

私が指示を曲げたのを見て、子どもは「なあんだ。先生は言ったことを、自分たちの言う通りに簡単に変えてしまったぞ」と思ったのである。

四月を思い返すと、子ども達は教師を観測する行動を次々と起こしていた。わざと教師を困らせることを言ってみたり、反抗してみたりすることで、教師の反応を確かめていたのである。

たとえば、学年の始めの時期に、次のようなことが頻繁にあった。
・何かしようとすると「えー」、「なんで～」「めんどくさい」などと大きな声で言う。
・「先生、こんなの持って来ちゃった」と、禁止されているものを持って来ている。

・何か指示をしたときに、すぐに行動しない。ゆっくり動き始める。私語をしながら行動する。たった一つでも放置しておくと、集団を動かすことが難しくなっていった。特にやんちゃな子ども達は、言うことを聞かなくなっていった。

一ヶ月後、遅きに失した感はあったが、自らを反省し、この状況を変える行動を開始した。

例えば、簡単な指示を徹底することにした。

「定規を使いなさい」という指示をしたのであれば、それを徹底することにしたのである。

子ども達はいつものように、「先生、定規なしでもいいですか」と尋ねてきた。

そのとききっぱりと告げたのである。「先生は、定規を使うように言いました」

子どもはそれでも食い下がる。「でも、忘れました」

しかし、譲らない。「先生が貸してあげます。明日から持って来ておくんだよ」と告げた。

ほんの少しのやりとりであったが、効果はてきめんであった。教師の言うことはしっかりと聞かないといけないな。そんな雰囲気が生まれてきたのである。

③ 不用意な約束をしてしまう

不用意な約束をしてしまうことがあった。これは絶対に御法度であった。

しかし、当時はその重要性に気付いていなかった。

休み時間に、子どもとドッジボールをしていたときのこと。

休み時間の終わりを告げるチャイムが鳴った。

しかし、子ども達は遊びを止めない。それどころか、もっと遊ぼうと誘ってくる。

「先生、ドッジもっとしようよ！　掃除なんかしなくていいじゃん」

私は困惑しながらも、誘われると嬉しいので、ついつい優しい態度を見せてしまう。

そのうちに、子どもが集まってくる。

「いいじゃん、しようよ！　先生！」

騒々しくなってきたので、「ダメだ」と断る。

子どもは言う。

「じゃあ、明日の二十分休みにしよう！　ね、先生、いいよね」

押しに負け、「じゃあ、明日しような」と約束してしまった。子ども達は、一斉に喜んだ。「やったあ。明日ドッジだって！」

次の日、何と約束した時間に用事が入ってしまった。

「ごめんみんな、今日の休み時間、ドッジするって約束したんだけど、急に一年生を迎える会の準備が入ってできなくなったんだ」

子ども達は、「えー！」「約束とちがうよ！」と一斉に抗議した。こんな具合である。

このような口約束を、頻繁にしてしまっていた。

「一ヶ月に一回は席替えをするぞ」「雨の日には、ゲーム大会をしよう」「来週のこの時間は、全員で外で遊ぼう」などである。

特に新卒時代は、私から企画を次々と提案していた。「お楽しみ会をしよう」とか、「頑張ったら宿題なし」とかの提案である。

しかし、子ども達が楽しみにしていた約束ほど、破られたときの痛みは大きいものだ。突然、用事が入ったり、どうしてもできなくなったりすることがあった。「宿題なし」と言っていたのに、学年共通の宿題が入ったことがあった。このときは子ども達に謝るしかなかった。まさか学年共通の宿題などというものがあろうとは、夢にも思っていなかった。

しかもまずいことに、私が約束を忘れてしまうこともあった。ところが、子ども達はしっかりと覚えているのである。後で子どもから苦情が出て思い出すという始末だった。

約束を破ると信用問題になってくる。「この教師は信用できない」と思われるのだけは避けなければならない。「不用意な約束はしない。約束したら必ず守る」という意識をもつようになった。

もし予定が入りそうなら、次のように対応することにした。

「先生、ドッジ明日しようよ！」

「できたらいいね。でも明日用事ができるかもしれないから、用事がなかったらドッジしようね」

このような典型的な失敗を、他の若い教師も通ってきていることを、研修会で知った。研修会では、「悩みの共有」をよく行っていたからである。

もし「教師の典型的な失敗」があるなら、それらをまとめていけば、どの教師も、その落とし穴を避けることができる。そんなことを考えていた。私は、多くの教師が通ってきた典型的な失敗の道を、そのまま歩んでいるのだろうと自覚していた。

3 新卒時代を終えて

以上が私の新卒時代の風景である。

教育方法を真摯に学ばないといけない。それに気付かされてから、様々な学びの場に顔を出すようになった。また、様々な先行実践・研究にもあたるようになった。

医師が専門的な知識と技能を身に付けているように、教師もまた専門的な知識と技能を身に付ける必要があった。とりわけ、教育方法を身に付けていないと話にならなかった。授業でも、普段の子どもも対応でも、学級集団をまとめていくことも、どれに対しても教育方法は不可欠だった。

ただ、教育方法が身に付いてない私でも、学級の様々な問題に対し、解決を諦めることだけは決してしなかった。家庭の問題があり、満足に食事や服などが与えられない環境で過ごす子ども達もいた。

私は一人で家庭訪問を繰り返した。時に、虐待が疑われるような事例もあった。そういうときには、管理職と一緒に家族と何時間も話し合った。

私は新卒であり、力のない教師だと自覚していた。だからこそ、何とか解決するという諦めの悪さだけは強くもっておきたいと考えていた。

不登校の子は全員学校に来るようになった。一年間ほとんど休まなかった。

家庭の問題も改善されていった。私がしつこいので、家庭の方が根負けしたという感じであった。しかし、子どものことが第一なのだと言うと、最後は保護者も理解してくれた。

結果として、四月に学級崩壊状態だった学級は、一年後に、保護者から「落ち着いた学級になった」と評されるまでになった。何とか学級を立て直すことができたのである。

もちろん、保護者や管理職、そして同学年を組んだ教師達、周りの教職員からの教えや助けも大きな力になったことは、言うまでもない。

私と同期の教師は、次々と学級崩壊を起こしていた。一年目の教師は皆そうであった。学級崩壊にならなかった教師は、威圧的な指導で何とか踏ん張っていただけであった。

曲がりなりにも学級を立て直すことができたのは、努力の方向性が良かったからだと考えている。授業や学級経営、子どもへの対応を学ぶ努力を続けたのが功を奏した。

しかし、一年目を終えて、私は自分の力のなさに嫌気がさしていた。本気で学ばないといけないと固く決意していた。一年目の終わりから、全国を回り、様々な研究会や勉強会、そして有名教師の学級を見に行くようになった。

教師二年目には、さらに深刻な学級崩壊を経験している学年を受けもつことになった。誰もその学年の担任を希望しなかったからである。一年目に曲がりなりにも学級崩壊を立て直せたのだからと、管理職が推薦し、任せてみようとなったのであった。

結局、この学年を持ち上がりで担任することになる。そして二年後には、多くの保護者から「見違えるように良い学年になった」と感謝の言葉をいただくことができた。

四年目からは、結婚に伴い転勤となった。打って変わっての小規模校であった。

ここで三年間、少人数の子ども達相手に指導した。これまでは一クラスに四十人近くいるのが当たり前だった。それが小規模校になると、一クラスに十名程度しか子どもがいない。

少人数の学級を受けもつことになったとき、「個別に最適な教育」を強く意識するようになった。もちろんそれまでも、一人ひとりに合わせた教育を、意識はしていた。しかし、さらに強く、「個別に最適な教育」を意識し、実践してみようと思ったのである。

例えば、一人ひとりの思いや願いを聞き取り、各自に目標をもたせ、その目標を達成するための指導や支援に重点を置くといった具合である。

小規模校に来て、もう一つ強く意識するようになったことがあった。それは、「義務教育九年間の教育を効果的に進める」ことである。小規模校なので全学年の子ども達と関わることが当たり前だった。異学年交流は日常であった。全校に指導する機会も多くあった。私はここで、小学校全学年の成長を目の当たりにすることができたのである。しかも、小学校のすぐ隣に中学校があり、中学校と合同で活動することも多かった。中学生になってからの成長も知ることができた。

また小規模校ということもあり、責任のある主任業務を数多く受けもつこととなった。つまり、学校経営にも携わることができたのである。

小規模校の三年間も、私にとって非常に大きな経験となった。

これ以降、概ね教師六年目までの実践を紹介していく。子どもに、「自立」、「協働」、「創造」の力や姿勢を育てたいと願っていた教師のささやかな実践である。

Chapter 2

気になる子ども達に立ち向かうための成功法則

1 自信のもてない子どもへの対応

1 家まで迎えに行く日々

教師になり、様々な子ども達との出会いがあった。

子どもにとって価値ある教師でありたいと願い、微力を尽くして対応にあたってきた。子どもと出会い、対応していく中で、多くの学びがあった。時に、私の意識や姿勢の変革が促される出会いもあった。

いわば、子どもとの出会いが、私を教師にしてくれたとも言えた。

小学校三年生のY君は、昨年度転校してきて以来、ほとんど学校に来ていなかった。

前担任の話によると、学級の子と馴染めなかったのが原因らしかった。しかも、前の学校でいじめにあっており、学校が大嫌いになっていた。

Y君と初めて出会ったとき、下を向いて、自信なさそうにしていたのが印象的だった。学力も低下していた。また、人付き合いにも、苦手意識をもっていた。

学校からしばらく離れていたので、学習に自信がない。友達をつくる自信もない。だから誰とも関わろうとしない。そんなY君と、どう接して良いのかわからず、他の子も困っている。状況は、悪循環に陥っていた。

本人が学校に行きたくない思いに加え、家庭の問題もあった。家庭が機能していないのである。気の良い同僚は口をそろえて言った。「不登校は、解決が難しい。何でも解決できるわけではない」管理職は言った。「新卒には、解決は、無理」

私は、Y君を迎えに、朝、学校から家まで走っていくことに決めた。

校門で待ち、来ないとわかると、家まで走って迎えに行く。往復六キロメートルの道のりはきつかった。家に着くと、だいたい寝ている。起こして、制服に着替えるように言い、一緒に学校に行く。家の人も協力はしてくれた。私が毎朝訪問するのは、迷惑だったに違いない。

家庭の事情は複雑で、私が介入して良いか迷うケースも多々あった。管理職に相談し、一緒に家に上がり、家族と話し合う日々が続いた。

私が迎えに行くと、しぶしぶ学校の用意を始めるのが常だった。私があれこれ説得しないと学校に来ようとしない。「今日は面白い授業があるから来てね」、「今日は学級で楽しいイベントをするから来てね」と学校の楽しさを強調した。

ただ、私が迎えに行ったとき、逃げ出さないだけでも、Y君は成長しているのだった。昨年は、担任が家まで迎えに行っても、家から飛び出して隠れてしまっていたからである。

私は意識的に、たわいない話をするようにしていた。最近の私の出来事を話し、Y君の出来事を聞くだけである。たった五分程度の会話を、毎朝するだけである。

しかし、それを続けていると変化が起きた。私が朝迎えに来たとき、Y君は喜ぶようになったのである。自分のことを話す相手ができて、嬉しい様子であった。こうして徐々に、一緒に学校に行くことに抵抗がなくなっていった。

やがては、時間通りに自分一人で登校するようになった。しかし、問題はここからだった。学校に行きたいと心から思えるようにするには、次の二つを解決する必要があった。

一つは、学校で信頼できる友達をつくること。

もう一つは、自信を取り戻すことである。

2 縦の関係を築き、その後に横の関係を築く

Y君に尋ねると「まだ新しい学校で友達はできていない」と答えた。転校後に学校に来ていないのだから無理もない。学校に来るようになっても、自分から人と関わろうとしない。

しかも、前の学校のいじめによって、同級生に対しての不信感が根強く残っていた。

休み時間は一人、教室の隅で過ごしていた。本を読むわけでもなく、絵を描くわけでもなく、みんなの様子をただ見て過ごしているのである。

私は、大学時代の四年間、不登校の教室で、学習やスポーツを教えるボランティアをしていた。不登校の子の中には、仲間づくりに困難さを感じている子が少なからずいた。

仲間づくりに困難さを抱えた子には、「縦のつながりを強化し、徐々に横のつながりを築いていく」

ことが効果的だった。人付き合いが苦手でも、年齢の離れた人と仲良くなるのは比較的できるからである。

そこで、年の離れた人と縦の関係を結んでから、徐々に同年代の横の関係を築いていけば良いと考えていた。

まずは、私とY君が気心許せる関係にならないといけない。この「縦の関係」は、毎日の会話と、休み時間に一緒に遊ぶことで、徐々に構築されていった。

続いて「横の関係」の構築に取り組んだ。休み時間に、学級の子ども達を何人も引き連れ、Y君も誘ってボール遊びをするようにした。

私が出張でいなかったときは、休み時間の様子を、それとなく尋ねてみた。

「昨日、みんなでボール遊びしたの?」

子ども達は「うん」とうなずいた。Y君は私がいなくても、同級生と一緒に外で遊ぶようになったのである。

3 教師の意図的な支援

Y君が、友達を信頼できるまでには時間がかかった。いじめは、トラウマになるほどの心の傷を負わせるものだ。友達を信頼しても、裏切られるかもしれないと恐れているようだった。

私は、差別やいじめは絶対に許さないと宣言していた。そのため、学級で公然と悪口を言ったり、暴力をふるったりといった行為は減っていった。

しかしそれでも、Y君は友達を信じ切れない様子であった。

そこで、休み時間に遊ぶ際、「できるだけ様々な人と接する」よう工夫することにした。相手のことを知ることで、同級生への緊張感をなくせると思ったからである。

さらに、Y君の自信回復に力を入れることにした。

Y君が頑張ったことを見逃さず、ほめたり、認めたりするようにした。さらに、Y君の良いところを、学級全体に紹介するようにした。

Y君は努力家で、社会見学に行ったときなどは、いつもノートにびっしりとメモをとっていた。そういった頑張りを私が見つけては、ほめ、紹介した。

また、Y君は友達思いの子であった。給食を誰かがこぼせば、そっと雑巾を持ってきて、片付けてあげていた。この些細な行動をしっかりと認め、紹介していった。

Y君の良さの紹介を続けていると、徐々に学級の子ども達は、Y君と関わるようになった。

Y君もまた、いろいろな同級生と毎日遊んでいるうちに、「そんなに悪い人はいない」、「みんな自分とそんなに変わらない」などと理解したようだった。Y君は同級生と遊ぶことを楽しめるようになった。

こうして、新しい学年が始まってから二ヶ月が経つ頃、Y君は学校が楽しいとまで言うようになった。Y君は、四月の終わりに少し休んだものの、それからは、ほぼ休まず学校に来るようになった。

4 信頼できる友達ができるまでの苦悩

Y君は、二学期になり、ある子といつも一緒に遊ぶようになった。親友ができたのである。これで私は、もう不登校の状態には戻らないだろうと思っていた。

ところが突然、連続三日休むということが起きた。

家に電話をして聞いてみると、別に体調が悪いわけでもないとのことだった。

「もしかして、不登校がまた始まったのか」と不安になりながら、朝迎えに行く日々が続いた。

しばらくすると、再び学校へ来るようになった。

しかし、どこか様子が変なのである。あれだけ仲良しだった親友とほとんど口を聞かず、別の友達と遊んでいるのである。

周りの子に尋ねてみると、どうやら、親友と喧嘩をしたらしい。

友達との喧嘩はよくあるものだ。私は、特に何もせず見守っておくことにした。

ところが、このことが予想もしない方向に転ぶのである。

Y君が学校へ来るようになって、しばらくたった頃。掃除時間のことである。

突然、廊下で大喧嘩が始まった。やんちゃぞろいの学級だったので、喧嘩は日常茶飯事である。しかし、このときは驚いた。

大声でどなっているのが、あのY君なのである。友達に向かって悪口を言ったことのないY君が、言葉を荒らして相手を責め、叫んでいるのである。

しかも、その矛先は、Y君の唯一の親友なのである。

私はあわてて（しかし、冷静をよそおって）、止めに入った。

「どうしたの。そんなに大きな声を出して……」

しばらくすると、Y君が大声で泣き出し、話が中断してしまった。

Y君の親友は、少し涙を浮かべて言った。「Y君がちょっかいだしてくるから、嫌なんじゃ。箒でつっついてきたんじゃ」

「どういうことなの？」と私はY君に尋ねてみた。

すると、Y君は泣きながら答えた。

「あいつが無視するけえ、ちょっかいだしてやったんじゃ……」

そして、大声で泣きながら私が忘れられない言葉を言ったのである。

「友達でいてくれよお！」

この言葉の後は、二人とも大泣きだった。私も涙が出てきた。

「この子は、Y君にとっては、初めての親友かもしれない。そんな親友と喧嘩をしたのが、とても不安だったのだろう」そう思った。

まわりで見ていたやんちゃ坊主達は、唖然としていた。

騒然とする中で、次の授業のチャイムが鳴り、ともかく、教室に入るよう告げた。

この喧嘩に関しては、是非を問わないこととした。放課後、二人を呼び、短く話をした。

「友達と喧嘩することはよくあるよ。言いたいことを言ったら、もっと仲良くなれることもあるから。喧嘩した後は、もう喧嘩のことは忘れて、いつもの二人に戻ってね。喧嘩するほど仲が良いなんて言うからね」

二人はそれを聞いた後、黙って教室を出て行った。バラバラに帰るかなと思ったが、一緒に靴箱の方へ歩んでいった。

「あまり満足な指導もできなかった」、「そもそも、様子が変だったときに話を聴いておけば大喧嘩にならずに済んだのかも」と、私は放課後の教室で一人反省をした。

ところが、次の日から、二人は、ケロッとしていつもの仲良しに戻っていた。

それを見て安堵した。Y君は一つの峰を越えたのだと思えた。それは、学校で学んだ貴重な体験だった。友達をつくるということ、そして親友をつくるということ。喧嘩をして、また仲直りするということ。この事件の後、友達と関わることへの自信が出てきたようだった。

友達と仲直りをした後に見た、子どもらしいY君の笑顔が忘れられない。結局、私が担任した一年間、Y君はほとんど学校を休まなかった。

教師ができたことは、微々たるものであった。学校に来て、集団の中で学ぶことは、教師が教えることの何倍も大きなことだと実感した。

Y君はこの後卒業までの三年間、楽しく学校へと通い続けた。

2 反省部屋で一人ぼっちの子どもへの対応

1 専門的な知識を学ぶ必要性に気付く

ある年担任した子の中に、とても人なつっこく、周りを盛り上げてくれるA君がいた。人一倍元気でエネルギーがあり、活発に行動している子である。イベントをすると、一番張り切って取り組んでくれる。

反面、落ち着きがない場面もある。

例えば、授業中、よく周りの友達にちょっかいを出し、遊び始めてしまう。特に、やることのない空白の時間が生じると、すぐに遊び始める。

A君は、良くも悪くも、思いついたことは何でも口にする。普通は言いにくい文句や不平不満まで大きな声で口にする。だから、周りはびっくりしてしまう。「めんどくさい」、「やりたくない」と思ったら、すぐにその場で口に出す。

A君を担任することになり、前担任に昨年度の様子を聞いた。

昨年度まで、授業が嫌で脱走したり、教室で暴れたりしていたらしい。

自分が苦手だと思うことや、見通しがもてないことには、頑なに取り組まないとのこと。理科の教科書通りの実験や、算数の教科書に載っている問題でも、「よくわからない」と思うと、頑として取り組まない。こうなると、励ましても、手伝っても動かないということだった。また、時々、大人も驚くほどのエネルギーで暴れることもあったらしい。例えば、友達と喧嘩をしたときには、目がつりあがり、パニックになるのである。

さて、担任してしばらく経ったある日、A君が「算数嫌い」と言い出した。理由を尋ねると、「わからないから」とだけ返事が返ってきた。周りの友達が私に教えてくれた。

「Aちゃんは、算数の時間のときに、遊んでばかりなので、教室の端っこに座らされて、一人ぼっちで授業を受けていたんだよ」

本人に確認すると、授業中、A君がいたずらを繰り返したときなどは、一人だけ机をみんなと離されたという。そして教室のその場所は、反省部屋と呼ばれていたそうだ。残念なことに、A君は、周りから問題児と思われていた。医師からは、特別支援を要し、ＡＤＨＤをもつと診断されていた。

2 教師の指導を子どもに合わせる

五年生でA君を担任することが決まり、発達障害に関する本を三十冊ほど買ってきた。春休み中に、全ての本に目を通した。また、支援の方法を学ぶ研修会にも参加した。

エジソンやアインシュタインなど、偉人で発達障害をもつとされた人は多い。エジソンが小学校を三ヶ月で中退したのは、周知の通りである。指導を間違えると、せっかくの才能が台無しになる。私はそのことを恐れていた。だから、我流の指導だけはだめだと考えていた。

私が継続的に参加していた研修会では、講師の医師が常々言っていた。

「頭ごなしに叱ってはならない」、「大声を出すなど、威圧的に叱ってはならない」

そこで、職員会議でこの注意点を守ってもらうよう、私から周知した。ところが、毎日のように怒鳴って指導している教師がいて、A君にも威圧的な指導をしたことがあった。A君はパニックになり、気分不良で数日過ごす羽目になった。これには、怒鳴った教師に強く抗議した。

特別支援を要する子への指導は、その子の一生を左右する、とてつもなく責任重大な仕事だと考えていた。だから、専門的な知識を知り、専門的な対応方法を知った上で、子どもに接しようと思っていた。

専門的な知識と対応方法を学んでもなお、指導は試行錯誤の連続であった。本人に最も適した対応を考えなくてはならなかった。同じ発達障害と診断されていても、子どもによって特性は異なる。よって対応方法も変わる。私はA君に合った教育方法を探さなくてはならなかった。

「教師の指導に子どもを合わせる」のではなく、「子どもに教師の指導を合わせる」ことを、このとき初めて強く意識した。

3 ほめて見守る

四月、私はほめることを指導の重点とした。

保護者から、A君は明るい性格で、頑張り屋だと聞いていたからである。ただ苦手なことに挑戦しにくかったり、落ち着きがなかったりするだけなのだ。A君本来の良さを本人に思い出させ、自信を高めることを第一に考えた。

授業中、A君がちょっとしたいたずらをしていたり、消しゴムで遊んだりしていても、お目こぼしすることにした。といっても、放任ではなく、見守るようにした。

手悪さをした後、しばらくして学習に戻ることができたら、そのまま何事もなかったように授業を進めた。むしろ、頑張り始めたことや、頑張っている姿をほめるようにした。

手悪さを止めないときは、机をトントンと叩いて、学習に参加するよう合図を送った。また、A君に簡単な問題を指名し、学習への参加を促すこともあった。「先生はいつも僕のことを見てくれているぞ」このようにA君は感じたらしい。そのうち、私が目で合図を送るだけで、いたずらや手悪さを止めるようになった。

休み時間でも、叱るのではなく、見守ることを続けた。ただし、人の物を取る、人の悪口を言う、人に暴力をふるうなどの行為に対しては注意をした。人に迷惑がかかっていたら、行動を止めるようにしたのである。

注意の際、「短く」を心掛けた。行為を問題とし、理由もつけて、「○○するのは止めなさい。危険だから」のように短く伝えるのである。「君は本来、人に優しくできる人だからね」と、その子本来の良さを思い出してもらう言葉もかけていった。

そんな私の態度が功を奏したのか、A君はだんだんと私にくっついてくるようになり、よく私と話をするようになった。

授業態度もまるで問題なくなっていった。時々、後ろを向いて私語をしたり、隣の子にいたずらしたりするものの、よく発表し、ノートも丁寧に書くようになり、学びに向かう姿勢が高まっていった。

4 反発する周りの子ども達への説明

しかし、四月の終わりになり、「A君だけひいきされてる」とか、「先生はA君にだけは優しい」というクレームが出てきた。

他の子が、授業中に私語をしたり、隣の子にいたずらをして遊んだりしたときは、私は普通に叱っていたからである。だから、他の子からすれば、A君だけが特別扱いだと、反発するようになったのだった。

そのうち、A君と同じような行動をとる子も出てきた。

A君が、休み時間に走り回ったり、授業中に私語をしたりしても、私が叱っていなかったので、他の子がこれぐらいやっても先生は許してくれると思ったのである。

この現象は、特別支援教育が難しいとされる原因の一つであった。特別支援を要する子への適切な指導でも、周りから見ると、「ひいき」に映ってしまうのである。

他の子が反発するのも、無理ない話だった。

趣意説明をしなくてはならないと考え、ある日、こんな話をした。

「人はそれぞれもっている力や性格が違います。一人ひとりは異なるのです。言われてすぐにできる人もいれば、何度も繰り返し言われたほうができる人もいます。厳しく言われた方が頑張れる人もいれば、優しく言われた方がいい人もいます。先生は、みんなに指導するときは、その人に合った指導をしようとしています。でも、もし、それがひいきに見えたときは遠慮なく言ってくださいね」

理由を説明し続けていると、徐々に、他の子も納得してくれた。やがて、A君が頑張っているのを見て、励ます子や、一緒に協力して作業を手伝ってくれたりする子が現れるようになった。

5 「良い授業」が荒れたA君の解決策に

五月に入り、A君がある子に対して暴力をふるっていたので注意した。ところが注意して最初の二日ほどは収まったものの、また同じ子に暴力をふるう場面を目撃した。

そこで、今度はきつく叱った。「暴力をどうしてふるうの?」「だってむかつくんじゃもん」「どうして?」「……」「理由がないのはいじめっていうんだ！　今度したら絶対許さない」「……」

このようなやり取りが行われた。いじめは許さない方針だったので、A君に対してもきつく叱ったわけである。暴力はその後行われることはなかった。

ところが、授業中の態度が悪化した。ノートを開かない、書かない、発表しない、話を聞かないなど、まったく学習に参加していない状態になった。

何度も注意したが、ノートに少ししか書こうとしない。

そこで、「みんな書くときは書いている。きちんとノートをとりなさい」ときつく告げた。A君は、しぶしぶ書き始めた。しかし、まったく納得している様子ではなかった。

さて、授業中、ほめるより、注意することの方が多くなってから、二週間が過ぎようとしていた。A君は、舌で唇をなめるようになり、たちまち肌が荒れてきた。

生活面での行動も、良い面よりも、悪い面が頻繁に見られるようになった。

たとえば、隣の人の悪口を言う、人を叩く、教師が言ったことに対して、すぐ「やだー」「めんどくせー」「つかれたー」「ねむたいー」と反発する、といった具合である。

私は、「ルールやマナーを強要し過ぎていたのか」と思い、少々のことは大目に見て、ほめるようにした。ただし、私が何かを言うと、A君が「嫌だ!」と反抗するので、とてもやりにくい状況になっていた。A君の感情が不安定になったことが、行動全てに影響を及ぼしているようだった。

「感情が不安定になっているので、まずは感情を安定させる必要がある。そのためには、頑張ったことをほめて、やる気にさせなくてはならない」

当時の私には、このことはわかっていた。しかし、ほめる材料が見つからないのである。私の指示に、いちいち反抗し、授業中も遊んで過ごしている状態だからである。叱ると、ふてくされて、机に突っ伏してしまう。

ある日、この状況は、教師の姿勢が試されているのではないかと、ふと思った。どの子にも可能性があると信じることができるのか、自分自身に何度も問うことになった。

A君を叱り、そのせいでA君がまた反抗する。そんな非生産的な指導の日々が続いているのである。そしてついに私は決意した。

「叱りたいときも我慢し、ただひたすら良い授業をしようとだけ心掛けよう」

最初は、授業中、あいかわらずA君は遊んでいたり、騒いでいたりしていた。ところが、授業が面白くなると、自然とA君が学習に参加するようになった。周りの子が楽しく学習している様子を見て、影響されているようだった。

教材研究し、良い授業をすることに全力を投じるようになると、A君は徐々に落ち着きを取り戻していった。A君が発表したり、ノートを書いたりしたときには、必ずほめるようにしていたので、ほめる回数も多くなってきた。

ここにきて私は気付いた。A君の悪いところを逐一見つけ、叱るようになっていた私がだめだったのだと。

6 効果がなければ対応を変える

A君がノートをとらないとき。

あるときは、次のように注意した。

「きちんとノートはとりなさい。授業中、遊んでいるなんて、お家の人が悲しみます」

これでは、A君はノートを書かなかった。

そこで、次のように対応してみた。

私「ノートとってないね」

A君「ねむいー」

私「そう。みんなとっているけどできないの？　できないんならしょうがないねえ」

私「A君がノートとれてないから、B君貸してくれる？」

B君「いいよ」

私「えっ？　いいのほんと？　優しいなあ。ノートって他人に見られるの嫌だよねえ。本当にいいの？」

B君「いいよ」

A君「いいの？　ありがとう！」

A君はB君のノートを貸してもらい、喜んでノートを書き始めた。指導にも一工夫いるなと実感することになった。

「この場合はこう対応するのが普通だろう」と思って対応しても、うまくいかないことが多々あった。

むしろ、「この子にとって良い対応を探そう」と考えた方が、うまく対応できた。

つまり、教師の指導に子どもを合わせるのではなく、子どもの実態に教師の指導を合わせる意識が大切だったのである。

しかも、一つの対応でダメなら、別の対応を試すことも必要だった。効果のない対応は止めてしまうのである。そして、十も二十も様々な対応をしてみる。すると、子どもに合った対応が見つかる。そんな具合であった。

7 「ほめる」と「頑張る」の良いサイクル

少々のことは大目に見て、ほめるようになってから、一週間。

A君が算数で活躍するようになった。積極的に発表し（一時間に三回以上）、前に出てきて答えを板書するまでになった。

算数での活躍は、他の教科にも波及した。社会科でも発表したり、ノートを丁寧にとったりするようになったのである。

「頑張る→ほめられる→ほめられて嬉しいからもっと頑張る→さらにほめられる」という良い循環ができていった。

ノートも、今までとは見違えるほど美しく書くようになった。

テストでも、良い点を取るようになった。算数で九十九点、国語で九十五点、漢字テストで百点をとったときには、飛び上がって喜んでいた。

8 油断から生まれた失敗

六月。ここで私は油断してしまった。

あまりにもA君が頑張るので、「もう大丈夫」、「教師の支援がなくてもできる」と思ったのである。

しかし、そのことがパニックを起こすことになってしまったのだ。

その日は朝から不機嫌で、私の言葉に逆らってばかりいた。

昨日何かあったかな、と考えたが、思いつかない。授業では、学習に向かわず、「やりたくない」を繰り返し、机を揺らしてだだをこねていた。

しかも、このときA君は、宿題を三回連続で忘れていた。

私は、次のように言った。

「宿題出していない人は、休み時間にやって持って来なさい」

A君「えーーー！」

集中すれば十分で終わる宿題である。しかしA君は遊びたい思いが勝るあまり、答えをサッと写して持ってきた。

私はこれを見て、「卑怯な方法は認めません」と告げた。

するとA君は、ノートと計算ドリルを床に投げつけたのである。

我慢していたA君の反発が一気に爆発したという感じだった。

「お家の人が買ってくれた物を投げるとは何事だ！」

私は、動揺しながらA君を非難した。

するとA君は泣き始めた。A君が泣いたことはこれまでにもあった。友達と喧嘩をしたときには、よく一人で泣いているのを見たことがあった。しかし、いつもの泣き方と様子が違っていた。目はつりあがり、斜め上をにらみながら泣いているのである。私と目を合わそうともしない。しかも泣き止むどころか、髪をかきむしり始めたのである。

「これはおかしい……」私は声をかけられず、しばらく黙っていた。

A君が小さな声で、「昨日の宿題は、まちがえて違うところをした」と言い出すので、それで宿題をしたと認めることにした。

9 原因を教師に求める

残りの休み時間、私は、職員室で一人になり、考えた。

どうしてA君はこんなに反発するのだろう。どうして一言言ってわかってくれないのだろう。

いろいろな思いが私の頭を駆け巡った。

そして次のような考えが頭に巡ってきたのは、子ども達が専科の家庭科の授業に行くのを見送り、職員室で落ち着いてからだった。

そういえば、最近できるのが当たり前になってほめていなかったな。

A君の悪いところに目がいき、注意を繰り返していたな。

手のかかる子だな、今日はどんな悪いことをするのかな、というように、A君に対してマイナスのイメージばかり浮かんできていたな。

時に斬新なアイデアを出してくれるA君。

苦手なことにしり込みすることが時々あるけど、頑張り屋なA君。

ほめてやろう。当たり前のことでもほめてやろう。そう改めて思った。

そして、専科の家庭科の授業に入り込み、A君の頑張りを見つけ、何度もほめていった。良いところを見つけようと、このときは必死だった。わざとらしいぐらいにほめ続けた。

A君はほめられるたび、自信に満ちた表情になった。ほめる効果は絶大だった。

給食後の社会科では、何事もなかったかのように、進んで発表し、黒板に自分の意見を書いて発表した。さっきまで大泣きしていたのが嘘のようだった。いつもの頑張るA君に戻ったのである。

子どもにはそれぞれ個性がある。その個性に合わせて指導しなくてはならないと、改めて思い知った日だった。もしA君が問題児に思えたら、原因は教師である私にあるのだ、そう心に刻み込んだ。

10 子どもの可能性を信じることの大切さを学んだ一年間

その後、ささいなトラブルは日常的にあったが、A君は見違えるように頑張るようになった。

二学期には体育委員会副委員長を務め、三学期には学級代表を務めた。

A君を学級代表にするのは反対だという意見が、他の教員から出された。しかし、私は「きっと大丈夫です」と訴えた。それほど、信頼できる子どもに育っていたからである。

成長は劇的には訪れなかった。毎日一ミリメートルだけ前進するほどの小さな成長の積み重ねであった。しかし、A君は一年間でずいぶんと前進したように見えた。

保護者も、A君の頑張りを見ては、喜びの便りをくれた。最後の懇談会では、目にうっすら涙をうかべながら感謝の言葉を述べてくれた。

A君も変化したが、教師である私も一年でずいぶんと変化することになった。

何より、「どの子も素晴らしい成長の可能性を秘めており、その可能性を引き出し、伸ばすことこそ教師の仕事なのだ」と強く思うようになった。

3 荒れの収まらない子どもへの対応

1 自信を失っていた子ども

Ｉ君は、学校でも話題の子だった。教室に入らない。入っても、すぐに教室から飛び出す。気に入らないことがあると、ランドセルを二階から放り投げて家に帰ってしまう。

Ｉ君は、普段は優しく、活発で楽しい子であった。一緒に遊んでいると、ユーモアあふれるアイデアを次々と出してくれる。人を笑わせるのが得意である。友達とも仲良くできる。低学年には特に優しい。しかし、一度怒り出すと、限度を知らなかった。

出会いの日、元気よくあいさつをしたＩ君をほめた。Ｉ君は嬉しそうにしていたが、すぐにうつむいてしまった。

「先生、ほめてくれてなんだけど……、オレ、どうせ、ダメで……」

その言葉は、これまでの学校生活の様子を、痛いほど表していた。Ｉ君は、自信を失っていたのである。

2 新学年に向けた準備と決意メモ

六年生でI君を担任することになり、すぐさま一年間の学級経営と、I君への指導方針を考えた。I君はADHDと診断されていた。特別な支援を要する子には、適切な教育方法が必要になる。以前の経験から、そのことを強く意識できていた。特に、出会いの場面で、どう対応するかが重要だと考えていた。

具体的には、以下の順で、新学年に向けた準備を行った。

① 実態の把握

② 指導の方針（ゴール）の決定

③ 具体的な指導法、指導スケジュールの作成

四月に向け、これらのことをノートに書いていった。出会ってからは、より詳細に記していった。

①の実態把握では、特に「その子の良さ」を調べるようにした。できないことばかりではなく、その子本来の良さや、未来の可能性をつかむようにしたのである。

また、その子の普段の様子だけでなく、本人の思いや願いもつかむようにした。

本人は、「なぜ自分だけが何度も教師から叱られるのか」、「周りの同級生が自分だけ違うものとして見ているのが嫌」、「何をやるにしても自信がない。できないと感じる」、「なぜ教師は、自分の頑張りや良さをほめてくれないのか」などと思っているのだった。

さて、始業式までに行うこととして、次のようにノートに書いた。

【始業式までにすること】

① 実態把握（要録・知能検査結果・医療報告書など）
② 前担任への聞き取り調査（口頭＋文書）
③ 保護者との面談（生育歴、教育歴、家庭環境、保護者の思いや願いの確認）
④ 発達障害に関する専門書を読む
⑤ 前年度までの学習のつまずきの把握（調査・分析）
⑥ 基本方針を立てる
⑦ 今後の予定を立てる
・指導計画を立てる（四月〜七月まで）
・保護者との面談日の設定　・関係機関への協力要請
・全教員との共通理解のための会議

そして、ノートに私の決意をメモした。

【担任としての私の判断】

I君は自分に自信がない。これまで、周りから怒られ続けてきたことが原因である。怒られる原因は、I君が自分の感情を抑えられないときがあること、自分が苦手なことをやろうとしないこと、無理にやらせようとすると癇癪を起こすこと、などが考えられる。しかし、これは教師の力不足が真の原因であると思える。教師の方に、発達障害に対する専門的な知識が欠如しているから、I君に無理が出てくるのである。

I君に生きる喜びを感じさせたい。自分はやればできるのだと事実として示したい。自分からやったことや、できたことを「ほめる」。それを指導の中核に据える。

最終的に、集団生活の中で自分をコントロールしながら生きていけることを目標とする。よって、周りに迷惑を与えたり、相手の不幸の上に自分の幸せを築こうとしたりしたときに注意する。周りに迷惑になっていない場合は、極力見守っておく。

【教師の姿勢】

教師は良い方向へ導く存在である。ほめることを基本とする。叱ることは極力避ける。対症療法は効果が薄い。指導の方向性を決めて、周りの教師の協力を得る。指導方針にズレがあると、一瞬にして本人のやる気がなくなる可能性がある。他の教師との共通理解は必ず行う。

少しずつ、あせらず、良い方向へと導くようにする。

自分はやればできるんだという気持ちをもたせるようにする。

エジソンやアインシュタインのエピソードを聞かせる。

成功体験が必要である。簡単なことから挑戦させていく。

教師はエジソンの母親のような存在でなければならない。興味をもったことに挑戦させ、指導し続ける粘り強さと、ほめ続ける覚悟が必要である。

周りの子が落ち着いた雰囲気でなくてはならない。

教室には、厳しさと、温かさと、明るさが同時に必要である。

教師にこそ厳しさを。隙のない態度で指導をしなくてはならない。

3 一年後の理想をゴールに合わせて考える

大切なのは、その子の一年後の理想の姿をイメージすることだと考えていた。しかも、できるだけ高い理想をイメージしたいと考えていた。

そして、その一年後の理想の姿をゴールとして、方針を立てていくことにした。すなわち、ゴールを描きながら、そのゴールに合わせ、指導方針や指導方法を考えていくのである。

現状把握のため、「保護者との面談」と「前担任からの聞きとり調査」を行った。

現状を把握して、ゴールを考えてみた。

ところが現状を調べるほど、入学以来荒れがひどくなっているという「マイナス面」が次々と明らかになった。かつて担任したことのある教員からの引継ぎで「子どもの良いところ」を尋ねても、一向に出てこないのである。

つまり、現状は極めて荒れがひどくなっている「マイナス」の状態であり、しかもこれからさらに「マイナスに向かって進むことが予想される」状況なのである。

現状がひどい場合、一年後の理想の姿を描いたとしても、あまり良い考えが浮かばない。とりあえず「マイナスの状態を、ゼロに戻す」という方針になってしまう。

マイナスの状態をゼロに戻すだけでも大変だし、そういう方針も必要である。しかし、もっと理想は高くもち、未来に向けた素晴らしいゴールを描きたいと思った。

そこで、保護者の願い、子どもの願いを聞くことにした。つまり、一年後のゴールを、保護者にも子どもにも考えてもらうのである。できるだけ理想となる姿をイメージしてもらう。そのゴールを私と共有することにした。

ゴールや指導方針、指導方法、指導のスケジュールは、一年間で何度も修正した。何度も修正したのは、その子にとって最適な教育環境をつくるためである。

定期的に、最も良いと思えるゴールを設定し、教育方法を何度も修正していくことが、特別支援を要する子にとってふさわしい教育へとなるはずだと考えていた。

4 順調なスタートと一つの山場

綿密な準備の効果もあり、始業式から一週間は、いいスタートが切れた。I君は、授業にも真面目に取り組むことができていた。

出会いの場面は、とにかくほめることを探そうとした。教科書を運ぶ手伝いなど、前向きな行動を探してほめようと思っていた。挨拶ができただけでもほめようと思っていた。そんな具合だったから、初日は、とにかく良いところを探してほめることができた。

悪いところは、「お目こぼし」で問わないことにした。まずは、良さを見つけてほめること。それを徹底して行った。もちろん、周りに迷惑をかけているときは、注意はした。しかし、サッと注意して終わりとした。一度注意したなら、その三倍は頑張りをほめたり、認めたり、励ましたりするよう意識していた。

そんなこともあって、I君は新学年のスタート時点では、前向きに頑張る姿を見せていた。

一週間後には、今年の目標も決めることができた。I君なりに大きな目標を立てることができた。「勉強を真面目に頑張る」、「友達と仲良くする」という目標である。入学以来そのことができていないと本人は感じていたのだった。

私もI君の目標を応援すると言い、一緒にその目標に向かって頑張ろうと声をかけた。つまり、目標を子どもと共有したのである。

全てが順調にいっているように見えた。しかし、荒れの芽はまだ残っていた。

時折、「やりたくない」と頑なに取り組まなかったり、活動に参加しなかったりするのである。また、係活動や当番活動など、やるべき仕事を放り出して遊んでいることもある。少しでも機嫌が悪くなると、周りの同級生に当たり散らしたり、やるべきことを放り出してすねたりする。

また、苦手と感じたり、困難だと感じたりすると、決して取り組まない。何を言っても取り付く島もない。去年までそのようにして過ごしてきたのだ。そう簡単に習慣は変わらなかった。

普通は指導するところだが、周りに迷惑がかかっていなかったら見守ることとした。そして、頑張り始めたタイミングを見計らって、「ほめる、認める、励ます」対応を続けるようにした。

ただ、いつか、悪い習慣を無くす指導をしなくてはならないと感じていた。

それが保護者の願いでもあったし、何より本人の願いでもあったのである。

さらに私は、将来、我が子を担任に預けるときのことを考えていた。我が子を教師に預けたとして、どういう指導をしてほしいと願うだろうか。きっと、「苦手意識があるとか、めんどうだとか、そういう理由で取り組もうとしない姿勢を直してほしい。粘り強さを育ててほしい」と思うだろう。

「いつか、I君の意に沿わないことでも、指摘しないといけない日が来るだろう」そう思っていた。

I君は注意をされると、とたんに機嫌が悪くなる。物に当たったり、暴言を吐いたりする。しかし、どうしても譲れないところで、はっきり「だめなものはだめ」と告げる必要があると考えていた。言わば、いつかI君と対決する日がくると感じていたのである。

そして、四月の終わり。平穏だった日々に終止符を打つがごとく、一つの山場を迎えることになった。当時の日記から引用する。

【四月終わりの事件（家庭訪問中）】

新学期が始まって、I君はこちらの予想以上の頑張りを見せている。ほめることが毎日ある感じである。

しかし、これまでの経験から、いつかは、その子と対決しなければならないときがくる。そういう予感をもっていた。ただ、それはまだ先だろうと思っていた。

ところが、予想よりも早くI君との対決のときがきたのである。それは、国語の時間であった。

漢字練習をしていたときのことである。

後ろの友達としゃべっていて、漢字練習にまったく取り組もうとしない。友達に迷惑だからと、注意すると机に伏せてしまった。

そのあとは何を言っても聞かず、すねてしまっていた。

十分してもまったく何もしない。机に突っ伏したままである。

私が、「全員やっているので頑張ろうね」とか、「ゆっくりでもいいから頑張ろうね」と言っても、突っ伏したままである。

これを許してもいいものか。私は悩んだ。この日のI君は、朝からぐったりとしていた。何か理由があるのかもしれない。

しかし、悩んだ末に「このまま終わっては絶対にいけない」、そう思った。

これはI君の教師に対する挑戦である。今まではこんなことはなかったのに、自分の「やりたくない」と思う気持ちだけで何もしないのである。そこでやや強引にI君を起こし、ドリルをやるように言った。

ところが、急に「嫌じゃ」と言って、私の手を噛んだのである。

私は、驚いて、手を離した。が、すぐに、鉛筆を持つよう促した。

「やりたくないからといって、やらないままでは良くないでしょう。友達と元気にしゃべることができるなら、勉強にも真剣に取り組みなさい」

もしこのとき放置しておけば、学年始まり、そして学級開きの大切な時期が台無しになってしまう。もし放っておけば、一人だけ例外をつくってしまうことになるからだ。

私は、学級開きのときに、全員が成長する学級にしていくことを宣言していた。

ここで、例外を認めるわけにはいかない。

I君は一時的には起きたが、またすぐに伏せてしまった。

そこで、

「書きたくない。めんどくさいからといって、何もしないなんて先生は絶対に許さない。あなたが書くまで、待ち続けます」

と宣言した。

I君が机に突っ伏したまま、時間が一分、二分と過ぎていった。

一分が異常に長く感じた。待つと言ったものの、本当は残り時間が少ないのである。

四時間目の終了まであと二十分もない。家庭訪問に間に合わなくなるのだから、こっちとしては、書くまで待つなんてとんでもないことなのである。

十分経ったとき、学級にだらけた空気が漂い始めた。私は、「あなた達の表情はなんだ！　I君が今真剣に悩んでいることがわからないほど鈍感なのか。友達が頑張って何かしようってときに応援もできないのか。そもそもI君としゃべっていたS君。あなたは自分では悪くないと思っているんだろうがそれは違う。あなたは、漢字練習もきちんとやっているし、I君に話しかけられたから仕方なくしゃべっているのも知っている。しかし、きちんと注意するのも友達というものだ。あなた達が友達の迷いにそんなにも鈍感なら、先生はあなた達のことも許せない」と強い口調で言った。

四月の最初である。この学級は持ち上がりの学年で、三分の一は一年間共に過ごしてきた子ども達であった。つまり、ある程度の信頼関係があったのである。持ち上がりでないとこんな言葉は言えない。

さらに十分が経った。I君の様子が変わってきた。

何人かが、応援を始めたからである。

「頑張ろうぜ」「一ページなんかすぐできるよ」

周りからの声が響く。声を出していない人も、さっきとは別人のように、I君の方を祈るように見ていた。

そのとき、「だってめんどくさい……」というI君のかすかな声が聞こえた。少しでも話し声が聞こえているような状況では聞き逃してしまうほどのかすかな声が聞こえたのである。

私は「いける」と心の中で思った。

さらに十分が経過した。

遂に鉛筆を持った。しかし、鉛筆をくるくる回してなかなか書こうとはしない。

顔はずっと下を向いている。表情は見えないが、嫌そうな、怪訝そうな顔であることはわかった。しかし、あれほど言っても何もしなかった子が、今まさに自分の力で、周りの後押しを受けて漢字を書こうとしているのである。しかも一ページまるまるである。他の子ども達は刺激を与えまいと、しかし、横目でI君が書くその瞬間を待っていた。

そしてさらに五分が経った。

たかが五分だが、とんでもなく長い時間に感じた。脂汗が出てきているのが自分でもわかった。

I君は、ゆっくりと顔を上げ、深呼吸をし、練習帳を見た。

そして、次の瞬間、やっと、遂に、I君は書き始めたのである。

やり直しを恐れ、丁寧に書こうとしているのが伝わってきた。

決して、めんどくさがってやっていない。真剣な表情である。

そして私のところへ持って来た。私は、

「よし。合格」

たったこれだけを伝えた。それだけで良かった。

子ども達は皆、笑顔を浮かべ、静かに給食の準備を始めた。I君も穏やかな表情に変わった。


初めてのI君の壁は、苦手な漢字練習のときに起きた。このことを保護者に話したところ、ぜんそくが出そうなときは、何かと理由をつけてやろうとしないことがあるので、気にしてやってほしいと言われた（このときは違っていた）。

いつか、「めんどくさいからやりたくない」という姿勢に対して、「それは自分の成長のために良くない」と伝える必要があると考えていた。ほんの小さな場面だったが、ここで伝えることにしたのである。しかも、教師の真剣さが伝わるような指導をあえて行ったのである。

小さな壁であったが、何とか乗り越えることができた。いつかは、こんなトラブルが起きることは学級全員がわかっていた。保護者も教師もわかっていた。それが、たまたま四月の終わりに来ただけなのだ。

5 無理は禁物

ただし、特別な配慮として、注意すべき点もあった。それは、「無理は禁物」という点である。

「何となくめんどうだから、やりたくない」というときは、注意しても構わない。

しかし、時には、「本当に気分不良で、できない」ことがある。このときは、無理をさせるのはだめなのだ。

例えば、国語の時間で作文を書かせたときのこと。

初日は、本人の気分が良く、作文に集中して取り組んでいた。

二日目は、気分は普通の状態で、半分は遊んで過ごしていた。

三日目は、気分が不良で、作文にまったく向き合えなかった。一時間ずっと遊んでいた。

こういう場合、どう指導したら良いのか。遊ぶと言っても、消しゴムを飛ばしたり、ノートに落書きしたりといった具合である。これまでの私なら、隣で「頑張ろうよ」と励ましたり、前向きな姿を見て、「ここができていて、いいね」と努力を認めたりしていた。それでほとんどの場合は上手くいったのである。

ところが、気分不良のときに、本人が私に言ったのである。

「先生、今日は気分が悪くて……。ちょっと作文は無理かもしれません」

私は軽い気持ちで次のように言った。

「昨日は書けたのだから、今日も書いてみようよ」

その結果どうなったか。I君は、私にほめられたいがために一枚書こうと頑張り、結果、気分不良で吐いてしまったのである。

熱があったわけでも、腹痛だったわけでもない。ただ、無理をさせることで、体が拒否反応を起こしてしまったのである。

I君の訴えにもかかわらず、私は無理をさせてしまった。私の中の、教師としての体裁や情熱が、結果として悪い状況を生んだのである。

私はこのことを恥じた。子どもの実態をよく考えて指導しないといけないと、改めて思った。この出来事があり、私はより一層、子どもの実態に合わせることを意識するようになった。

時にI君は、自暴自棄になることがあった。去年まで荒れていたこともあり、自暴自棄になったときには、物を蹴ったり殴ったりした。それを止めようと近づいてくる友達に暴言も吐いた。

そんなときは、落ち着くまで、二人で静かに廊下や特別教室で過ごした。

落ち着いてから、本人の話をしっかりと聴いた。落ち着くと、人が変わったように自分の気持ちを素直に話してくれるのだった。また、私の話にも耳を傾けてくれた。

「将来に不安がある」といったことをよく口にした。そのたび、「コツコツと自分の力を伸ばしていくことが将来に向けた一番の準備だよ」という話をした。私は、一度で理解できるとは思っていなかった。理解できるまで、百回でも千回でも話そうと思っていた。

I君の自信を高めたいと願っていた。「オレ、どうせ、ダメで……」出会いに私に言った言葉を変えたいと思っていた。自分のことを「頑張ればできる。可能性を秘めている」というイメージに変えたいと思っていた。本来の自分の良さを思い出させたかった。

I君が考えた「勉強を真面目に頑張る」、「友達と仲良くする」という一年後の目標を、よく話に出した。「今はここまでできるようになっている。だから、きっと次はこんなことができるようになる」

と、力を込めて話した。とにかく「できるようになった事実」を挙げるようにした。子どもにとって、それが一番説得力を発揮すると思ったからである。

I君の「できるようになった事実」をつくるため、私は授業準備に、さらに時間をかけるようになった。

また、授業改善のため、管理職にお願いした。「いつでもいいから授業を見に来て、助言をしてほしい」と。管理職は快諾してくれ、時々私の教室を覗いては助言をくれるようになった。

私はとにかく、I君にとって最適な学習ができるようにしてやりたかった。

「今の気分は良いのか、良くないのか」

「今やっている学習は、本人が得意な内容なのか、苦手な内容なのか」

「I君にとって、一番良い学び方、学びの目標、学びの内容、学びのペースは何なのか」

そういうことを常に意識するようになった。そして個別に最適な学びになるよう、前日に準備しておくのである。例えば、算数なら、一斉に活動させて学ばせる内容と、個別に学習課題を選択させる内容とを用意しておく。そして、個別に学習課題を選択させるため、難易度に違いをつけるようにしておくのである。

体育なら、基礎練習コースと、通常の練習コース、発展練習コースをつくり、それを選択できるようにしておくのである。このような具合だから、授業の準備に何倍も時間がかかるようになった。

前年度の学習に不安があるI君は、簡単な課題から取り組み、自信が出てきてから、難しい課題に取り組むのが常であった。

6 「先生、俺、すごく頑張っている」

一学期が終わる頃、昨年度同じ学級だった女子が、I君に話しかけているのを耳にした。

「I君、最近頑張っているんだから、給食当番も頑張ってね」

たった一言だが、I君は照れながら喜んでいた。

私にとって、この言葉は意外だった。

私から見れば、I君には、まだ課題とする部分が多いように見えていたからである。私は、この一言に救われる思いだった。去年に比べると、I君は頑張っており、少しでも前進していることがわかったからである。

半年経った頃、I君は、私に次のような言葉を言うようになっていた。

「先生、俺、すごく頑張っている。たぶん成績も上がっていると思う」

事実、前向きな姿勢で努力を続けることができるようになっていた。

一年後、I君は見違えるほどたくましく成長していた。友達とのトラブルはあったが、自分をコントロールすることができるようになった。自分でトラブルの解決に向けて行動するようになった。

去年は「嫌だ、めんどくさい」と言って参加しなかった学習発表会や陸上記録会、運動会に参加した。練習も人一倍頑張った。本番では、一生懸命取り組む姿を保護者に見せた。その姿は堂々としたものであった。

4 「二度と学校には来ない」と言った子どもへの対応

1 不登校の原因は「学校自体が面白くない」から

昨年度、運動会の練習が激しくなった頃、N君は学校を休み始めた。それ以来、一度も学校に来ていなかった。家にこもったまま、外にも出ていないということだった。

高学年でN君を担任することが決まり、前担任に話を聞いた。それによると、「大変なことがあるとすぐに諦める」「宿題や係の仕事など、自分がすべきことに取り組まない」ということであった。救いだったのは「友達は少ないが、仲良く過ごしていた」という話を聞けたことだ。ただ、家からほとんど外に出ることはなく、部屋に引きこもっているということだった。

春休みに、対応を思案した。まずは、学校に来ない原因を見つけようと思った。そして、それを取り除いてやろうと思った。

情報を集めたところ、大きな原因が見えてきた。それは、「学校自体が面白くないから、学校に来ない」というものである。N君をよく知る教員は言った。

「私が何度も学校に来るように言ったが、頑として聞かなかった。それどころか、二度と学校に来ないと言っていた」
そして、始業式の日。やはり、登校しなかったのである。

2 家を訪ねる

始業式の日。学年が変わって、クラス替えがあったのだから、もしかするとN君が学校に来るかもしれないと、甘い期待をしていた。しかし、そんな私の期待は、あっさりと裏切られてしまった。

学級の子に、「N君は学校に来るかな」と尋ねると、「先生、N君は学校には来ないよ。去年さんざん学校に来るように誘ったもん」と言われた。N君と仲良しだった友達が、家まで行って、学校に誘ってくれていたらしかった。

この場合、不登校の解決には、学校の意義や価値を、体験として理解してもらうしかないと思った。始業式の日の放課後、私は家庭訪問に行くことにした。学年主任も一緒に来てくれた。

学年主任は言った。

「家から出てこないかもしれない。あまり期待しない方が良い」

家に着くと、案の定N君は隠れてしまって、まったく部屋から出て来なかった。部屋に向かって、「こんにちは」、「新しい担任です。よろしくお願いします」と声をかけるが、一向に反応がない。

保護者の話では、最近はずっと部屋から出て来ず、家族ともほとんど会話をしないということだった。

玄関で立ったまま保護者と話すこと三十分。保護者が、「玄関まで出て来たら」と部屋に声をかけてくれた。すると、「嫌だ。絶対行かない」と大きな声が部屋から返ってきた。

その後も、「どんなゲームをしているの?」、「最近どんなことがあった?」などと玄関から声をかけてみるが、反応がない。「一目会えたら嬉しいな」、「少しだけでも顔を出してくれると嬉しいな」などと、様々に声かけしてみるがやはり反応はない。

仕方ないので、私と学年主任は帰ることにした。帰り際、N君に声をかけてみた。

「N君。先生の車を見に来ない? スポーツカーだぞ」

すると私の問いに、初めて答えが返ってきた。

「どんなスポーツカー?」

「白い車で、白いホイールをはいている、よく走る車。良かったら見に来ない?」

「……」

「釣り道具もあるぞ。ちょっとだけ見に来ればいいんじゃない。家のすぐ隣の空き地に、車があるから」

しばらくの沈黙の後、なんと彼は、外へ出て来たのである。粘ったかいがあったと思った。

3 登校へのハードルを下げる

実はN君に会う前に、一つの布石を打っていた、それは、近所の仲良しだった友達に、朝、N君を学校に誘ってほしいと頼んでおいたのである。そのことを、面と向かって伝えるチャンスがやってきた。

しばらく外に出ていなかったN君は、手足が細く真っ白であった。家から出て来た彼は、緊張しながらも、笑顔だった。初めて出会う私に、しばらく落ち着きのない様子だった。

不登校の子の中には、同年代と付き合うのは苦手でも、年が離れた人となら、うまく付き合える場合がある。横の関係を結ぶのは苦手でも、縦の関係なら結ぶことができる。N君もそのような傾向があるように見えた。

「初めまして、N君。N君とそんなに年は変わらないと思いますよ。若いですから。一緒に楽しく遊べたらと思います」

まずはたわいのない話から始めた。学校以外の話題の方が、盛り上がると思ったからである。そして、二十分ほど、車や釣りの話をした。

N君は、私の想像以上に、話をしてくれた。そこで、別れ際に、学校のことも話すことにした。

ただし、単に「学校に来るように」とは言わなかった。私がN君に言ったのは次のことだけである。

・クラス替えがあったこと。

・クラスメイトの中に、N君の友達がいること。

・友達が、明日の朝、N君を呼びに家まで来ること。

そこまで聞いて、N君は言った。

「え～。朝呼びにくるの？　でも学校には行けないよ」

私は、プレッシャーを与えないように、言った。

「学校に来られそうならそのまま来たらいいし、無理なら、行けないということを友達に言ってやってほしい」

そして、もう少し付け加えた。

「友達が朝迎えに来るのが嫌なら、先生が迎えに行こうか?」

「それはもっと嫌です」とN君は答えた。

「じゃあね、友達が誘いに来るから、待っててね。それでね、もし、朝学校に行けたらいいんだけど、来れそうになかったら、昼に給食を食べにおいで」

私は、朝友達が誘っても、N君が学校に来ることは、まずないと思っていた。そこで、昼に来てもいいのだとハードルを下げ、N君にすべきことを伝えたのである。

N君はうなずいてくれた。

4 昼からの登校と教室で起きた盛大な拍手

二日目の朝、教室に入ると、やはりN君は学校に来ていなかった。家に電話で確認すると、「部屋で寝ている」ということだった。「やっぱり今日も無理か」、私は意気消沈した。

朝迎えに行ってくれた子に聞いてみると、一応、玄関までN君は来たということだった。そして、「今日は学校に行かないから」と答えたらしい。

私は、これは進歩だと思った。夜寝るのが遅いので、朝起きられないという話を保護者から聞いていたからである。

「朝早く登校するのは難しいかもしれない。しかし、昼なら登校できるかもしれない」

ほとんど願望だが、私はそう期待し、昼近くになってもう一度家に連絡をしてみた。

「Nはもう起きています。そして、学校に行ってみると言っているんですよ、先生！」

電話先の保護者の声が明るく返ってきた。何と、N君が学校に行く気になったのである。

後から保護者に聞いたところ、本当は朝も学校に行ってみようと思って、ランドセルを準備して待っていたというのである。ところが、起床が遅くなってしまい、友達が来たときには、まだ寝間着のままだった。友達を待たせたら遅刻になると思い、行かないと答えたのだ。

そして、N君は、昨日私が話した「昼に給食を食べにおいで」という言葉を思い出した。こうして、学校に行ってみる気になったのである。

給食の用意をしているときに、私は言った。

「N君にも給食を用意してください」

急に教室が騒々しくなった。

「えっ!?　どういうこと先生！」

「まさか、N君が来るの？」

私は嬉しくて、玄関まで迎えに行った。

そして、N君と一緒に、教室に向かった。

教室の前まで来たとき、学級内から歓声が起こった。

「ひさしぶり！　N君！」「よく来たなN君！」そして、自然と拍手が起きた。大きな拍手だった。

N君は五時間目と六時間目の授業を受けて、下校した。

「久しぶりの学校は、なんだか疲れたよ先生。でも楽しかったし、みんなが拍手で迎えてくれて嬉しかった」N君は、私に笑顔で言った。

5 安心して過ごせるようにするための手立て

三日目も、N君は給食時間に来た。その後も、昼ぐらいに登校し、徐々に朝から登校できるようになった。

私は、N君に「充実した学校生活」を味わわせようと思っていた。「学校が楽しくないから行きたくない」その言葉に応えなくてはならないと考えていた。学校の意義が問われているように、私には思えたのである。

まず取り組んだのは、学級で安心して過ごせるようにすることだった。N君を安心させるため、かつての遊び仲間だった子を、同じ班にしておいた。係活動でも、かつて友達だった子と一緒にしておいた。

また、差別・いじめにつながる言動は許さないと全員に宣言した。学級の雰囲気を、「友達の良いところに注目する」という前向きな雰囲気にしたいと思っていた。私自身も、子どもの良いところに注目し、それを皆に紹介するようにした。

さらに、休み時間はできるだけ、N君と一緒に遊ぶようにした。外で運動することもあれば、教室で簡単なゲームをすることもあった。N君と遊ぶときには、学級の子を三、四人誘うようにした。N君が休み時間に一人で過ごすことがないよう注意したのである。

やがて、N君は私がいなくても、友達とドッジボールなどをして休み時間を過ごすようになった。学級における安心感が確保できたら、次は学習面の支援に力を入れた。

N君は昨年度百日以上休んでいる。また、休む前から学習への意欲が低下していたらしい。そのため、学習面で遅れており、全教科にわたって支援が必要であった。

しかし、光明もあった。それは算数が得意だったことである。そこで、最初は算数の学習支援に力を入れた。まず学習への自信を回復させ、そして学習への意欲をわかせたいと思っていた。

授業では、困ったらすぐ私を呼ぶよう伝えておいた。他の子が自分の課題を解いている間に、N君にそっと助言を繰り返した。

支援を続けていると、算数に対して自信が出てきたようだった。そして、前学年の復習を自分から行うようになった。保護者が、「先生、うちの子が、家で勉強しているんです。信じられません」と連絡してきた。涙を流して喜んでいた。

N君は、「算数だけでもみんなに追いつきたい」と、私に言うようになった。

しばらくすると算数の学習の遅れを取り戻しただけでなく、今学習しているところを追い越したと報告に来てくれた。N君の学習に対する姿勢は、驚くほど良い方向へと変わっていった。

学級での生活が安定し、学習面でも前向きになったところで、私は、イベントをしかけることにした。授業が早く終わったときや、帰りの会などで時間が余ったときに、百人一首を始めたのである。この隙間時間の百人一首に、学級の子ども達は熱中した。知的に面白いというのである。休み時間にも、少しの時間があれば、百人一首で対決して遊ぶようになった。

そしてしばらく経った頃、N君は、四十人の学級で最初に百首全てを暗記した。そして、学級の中でも上位に入る実力を身に付けた。

こうなると、周りの子からの評価が変わってきた。休み時間は友達と仲良く運動し、授業では算数を頑張り、イベントで活躍しているのである。

周りからのN君への評価は、百八十度変わった。これまでは、「休みがちで、学習も遅れている消極的な子」というレッテルを貼られていた。ところが、「N君は活発で、学習にも真面目に取り組み、すごい力をもっている」という評価に変わったのだった。

一年を終えたとき、「二度と学校には行かない」と言っていたN君は、ほとんど休んでいなかった。どの教員も「信じられない」と口をそろえて言った。私もまた、教師としての意識を改革させられた。

私も最初は、N君は消極的な子というイメージだった。しかしそれはまるで間違っていた。どの子も可能性をもっていることを思い知らされる出会いだった。

5 様々な子ども達との出会いが教師としての生き方を磨いてくれた

子どもを理解するのは難しい。子どもに対応するのは難しい。

そう感じさせる象徴的な出来事があった。

高学年を担任していたときのことである。

掃除時間が終わり、教室に帰ってみると、黒板に落書きをして遊んでいる子がいた。女子が数人集まり、その中の一人が落書きをしているのである。私が教室に入ってきたのを見て、急いで消したのだが、はっきりと落書きの後が残っていた。

落書きをした子は、「まずいな」という表情に一瞬なった後、急いで教室の外へ走り去って行った。

私は落書きに対し、注意しなくてはと思った。

まず、黒板掃除の子に状況を尋ねようと思った。ところが、黒板掃除の子は、今日は欠席だった。

仕方なく周りの子に掃除の様子を尋ねた。何と、落書きをしていた子は、欠席した子の代わりに、黒板を掃除してくれた子だったのである。自分の掃除をして、しかも欠席の子の分まで掃除をしてくれていたのだ。

その子を叱ることしか考えていなかった私は、驚いてしまった。

落書きをしていた子は、とてもにぎやかな子だった。よくいたずらもしていた。壁に落書きをしたり、教室で大騒ぎしたりしていることがあった。いたずらのたび、いろいろな教師から叱られているような子だった。

その子が、掃除時間に、落書きをしていたのである。

その現場を目撃したとき、私には叱るという行為しか頭に浮かばなかった。「また、あの子が、いたずらをしているな」といつもの調子で叱ろうと思っていた。

ところが事実は違ったのである。欠席した子の掃除場所までやってくれていたのである。その後、少し落書きしただけであったのだ。私は色眼鏡で子どもを見ていたことを恥じることになった。

しばらくして、その子は恐る恐る教室に帰ってきた。私の方に面目なさそうに近づいてきた。

私は心を込めて伝えた。「欠席した人のために、黒板掃除をしてくれてありがとう」

その子の表情がパーっと明るくなり、また笑顔が戻った。

子どもの悪い部分に目がいく教師ではなく、子どもの良さに注目する教師でありたいと思った。

様々な子に出会うたび、教師として目を開かされる思いだった。

Chapter 3

授業における困難に立ち向かうための成功法則

1 挑戦するのを嫌がる子どもへの指導

1 「自分はできるんだ」ということを事実として示す

ある年受けもった高学年の子ども達は、挑戦に対して臆病になっていた。

四月から何をするにしても、「やりたくない」、「どうせできない」、「無理」などと言うのである。

特に、新しい何かに挑戦する際、「自信がない」と口々に言い、取り込もうとしてくれなかった。

過去に、深刻な学級崩壊を経験している学年であった。

中でもB君は自信を失っていて、何かと理由をつけて、挑戦するのを嫌がった。

B君は失敗や、間違いをすると、急にやる気がなくなった。ジャンケンでさえ、負けたら怒ってふてくされてしまうのだった。

苦手な学習のときは、机に突っ伏してしまっていた。何かに挑戦することを極度に避けていた。どうせ失敗する、また先生に怒られると思っているようだった。

B君を変えるには、「自分はできるんだ」ということを事実として示すしかなかった。

2 詩の暗唱で挑戦の場を与える

私の学級では、定期的に、子ども達に「高い目標」を考える時間をとっていた。

四月には、「今年達成したい目標」を考えさせていた。

このとき、私から「こんな目標に挑戦してみたら」と、目標の具体例を示すことがあった。

例えば、「スポーツ大会で優勝する」、「年間読書五十冊」などである。

他にも、学級全体で取り組む目標を示すこともあった。例えば、「連続大縄跳び一分間の最高記録に挑戦」、「百人一首の暗唱に挑戦」などである。

ところが、自信のない子が多いと、そもそも取り組もうともしないのである。

そこでまずは子ども達の自信を高める必要があった。何かに挑戦させ、成功体験を経験させないといけないと考えた。

B君を含め、全員が成功体験を味わうことができるものが良い。考えた末、詩の暗唱に挑戦させることにした。一時間の授業で、長い詩の暗唱に挑戦させるのである。

ただし、失敗してしまうと、B君が暗唱への挑戦を止めてしまう懸念があった。

そこで、丁寧に授業を進めるようにした。

変化をつけながら何度も読ませ、残り十五分で、暗唱テストを受けるよう指示したのである。

3 クラス全員の成功体験がみんなの自信につながる

「みんなら絶対、暗唱できるよ」と励ましながら授業を進めた。そのため、子ども達は音読練習に前向きに取り組んだ。

B君も一生懸命、音読を続けていた。板書された詩を、私が少しずつ消していく。消されても、何とか言えるようになっている。それが面白い様子であった。

ところが、B君はテストとなったとたん、尻込みしてしまった。暗唱テストでは、少しでも間違うと、不合格になる。最初に挑戦した子の何人かは、不合格であった。それを見て不安が高じてしまったのである。

不合格になっても、何度でも挑戦して良いことにしていた。他の子は不合格になっても、繰り返し挑戦してくる。その様子を見て、B君はついに席を立った。そして、真っ直ぐに私のところへ来た。

合格者はミニ先生となり、合格の判定ができるようになる。友達の判定を受けられるのに、B君はわざわざ私のところへやって来た。私の方が、友達の判定より何倍も厳しいことを知った上で来たのである。

しかし、B君は自分の番になると、またおじけてしまった。

「俺、ちょっと覚えてないから、先行っていいよ」と順番を譲ってしまった。

しばらくそんなことが続き、ついに一回目の挑戦。

緊張のあまり、最初の四行で詰まって不合格。

やる気をなくすかと思ったが、意外にもすぐに机に戻って練習を始めた。

そして、二回目、三回目、不合格。B君は、机に顔をうずめたまま、動かなくなった。

「終わりか……」そう思えた。

何人かが「頑張れB君」と応援しているのが、遠くから聞こえた。しかし、B君はピクリとも動かない。

そうこうしている間に、他の子は全員合格になった。誰もが、B君だけは不合格で終わる、と感じていた。合格した子は、他の課題を行いながら、横目でB君を気にしていた。

ところがである。机に突っ伏していたB君が、「覚えた！」と言って、勢いよく席を立ったのである。B君は、すねていたのではなく、小声で一生懸命練習していたのだ。

最後の挑戦といわんばかりに、私の前に来た。

そして、全員が見守る中、ゆっくりだが、間違わずに最後まで暗唱することができた。

こうして時間内に、全員が暗唱に成功した。全員ができたことで大きな拍手が起きた。一日の中の小さな出来事だったが、これが子どもにとって、とりわけB君にとって自信につながったようだった。

しかも、B君の暗唱成功は、それを見ていた他の子にも「やればできる」という感情を引き起こしたのだった。

この後も成功体験を重ねていったB君は、徐々に自信を高めていった。そして少しずつ新しい目標に挑戦するようになったのである。

4 子どもに夢（目標）をもたせ、達成させる

成功体験を重ねることで、子どもは自信を高めていく。自信が高まると、高い目標に挑戦できるようになる。

子ども達は、「こうなりたい」、「これを達成したい」という思いや願いをもっている。その思いや願いを目標の形で意識させることは、子どもの成長のために重要だと考えていた。

そのため、新学期になると、子ども達に、今年の目標を書かせるようにしていた。

子どもが描く目標は様々である。「作文を原稿用紙五十枚以上書く」、「毎日運動して、陸上競技大会に出場する」、「試験で高得点をとる」、「科学研究の賞をとる」などである。

最初は、個人的な目標を考える子どもが多い。しかし、徐々に、学級全体や学校全体まで広げて考える子が出てくるようになる。「学級の全員で何か面白いことに挑戦したい」、「学校をみんなで楽しく過ごせる場所にする」、「音楽会で最高の合唱と合奏を披露する」、「スポーツ大会で優勝する」などである。

心から達成したい目標を意識させると、子ども達は驚くほど頑張るようになる。

頑張るといっても、歯を食いしばって努力を続けるといった姿ではない。

熱中して楽しく取り組むようになる。それはあたかも、好きなことに時間を忘れて取り組んでいるような姿である。

つまり、ゴールがはっきりすると、人はその達成のために、力を発揮できるものなのだ。

子どもの中には、大きな変化を見せる子がいた。

以前、作文の苦手な高学年の子を担任したときのことである。「書く」こと自体、ほとんどしていない子であった。昨年度のノートを見せてもらうと、ほぼ何も書いていなかった。書く力が養われていないだけでなく、「書く」ことに対して大きな抵抗を感じていた。

四月、本人はささやかな目標として、「文章をたくさん書けるようになりたい」と紙に書いた。そして、「でもたぶん、原稿用紙一枚も書けないと思う」と付け加えた。

ところが、一学期の終わりに、作文を原稿用紙で六枚以上書いた。これには、前担任をはじめ、多くの教員が驚いた。保護者も驚いた。そして一番驚いていたのは、その子自身だった。

「俺、こんなに書けるなんて思わなかった。ちょっとだけ自信が出た」そう満足げに話してくれた。

さらに、これで終わりではなかった。一つの成功体験が波及効果を生み、二学期になると、社会科のまとめ新聞で、クラスで一番多くの枚数を書き上げたのである。

こういった出来事が起きると、本人の意識も変わっていった。「自分はもっとできるのかも」と思えてきたのである。

さて、四月の目標設定の際、原稿用紙で何枚書けるようになりたいかを考えさせていた。その子は最初、「一枚書けるようになりたい」と答えた。私は、「もう、絶対無理だっていうぐらいの思い切った枚数にしてみたら」と言ってみた。すると、「うーん。じゃあ五枚〜十枚にしておく」と答えた。

私は、その子が目標を達成するまでに、いくつかのハードルを越えなくてはならないと思っていた。

そこで、二つのアドバイスをした。

一つは、宿題の日記を、短くてもいいから毎日書くことである。書くことの抵抗を少なくするためである。

もう一つは、社会科のまとめをしっかり書くことである。社会科では、単元が終わるたび、ノートにまとめを書かせていた。その子は、社会科が好きだった。家に歴史の本があるので、歴史には特に興味があった。そこで、ノートのまとめを、詳しく書くよう言ったのである。

私が持っている歴史の資料を貸し与え、まとめ方の見本を示しながら、最初は真似をするだけでもいいと伝えておいた。少しずつまとめ方が上達していったので、それを称賛していった。

これらの方法は効を奏し、徐々に文章を書く力が養われてきた。五月には、自主勉強として、社会の調べ学習をするようになった。保護者が驚いて、「我が子が自主的に学習をしている」と喜びの連絡をくれた。

このように、目標をもたせると、それを達成するための方法を、子どもと一緒に考えることができる。そして、子どもの目標に合わせて指導や支援ができるようになる。

目標をもたせることで、子どものもつ可能性を引き出し伸ばすことができるのである。

2 算数の学習を拒否する子どもへの指導

1 算数の苦手な子が多数いる学級

五年生を担任したときのことである。四月に算数の一回目の授業があった。授業開始のチャイムと同時に、「算数が嫌だ」と叫んだ子がいた。その後、机に伏せて何もしなくなってしまった。

「頑張ろうね」とか、「君なら絶対できるよ」などと言っても、机に突っ伏したままだった。話を聴くと、昨年度、わり算の筆算がいつまでもできず、テストや授業のたびに算数が嫌になっていったという。学級には他にも算数が苦手な子が多数いた。この状態を改善しなくてはならなかった。

2 間違いの分析を行う

毎年、学年始めには、前学年の復習テストを行っていた。そこで、テストの後、子どものつまずきを分析することにした。五年生三十八名に、四年生までの復習テストを、二回行った。テストは、市販のものと自作のものとで行った。自作テストでは、以下の内容を出題した。

1 かけ算九九　4 わり算の筆算　7 計算のきまりの問題
2 かけ算の筆算　5 三桁のたし算
3 わり算　6 小数のたし算とひき算

特にできていなかったのが、わり算の筆算である。

算数の学習を拒否した子をはじめとして、デタラメに覚えている子が多かった。

わり算の筆算は、「二位数÷一位数」の問題を二問、「三位数÷一位数」を二問、「二位数÷二位数」を一問、「三位数÷二位数」を四問、合計九問出題した。そして、放課後に一人ひとりの間違いを分析することにした。わり算の筆算の主な間違いを挙げると、次のようになる。

① 補助計算を書いていなかったので計算ミスをしていた子　六名
② 九九を間違えていた子　三名
③ わり算の筆算のやり方がわかっていなかった子　九名
④ わられる数が三桁になるとできない子　一名
⑤ わる数が二桁になるとできない子　三名
⑥ 商を立てる位置がわからない子　四名

7	9	1	707
18)756	18)756	59)318	18)756
756	82	59	7
0	674	261	56
			56
			0

具体的に、「筆算のやり方」のつまずきには、以下のようなものがあった。

【パターン1】わる数「18」の十の位の「1」と一の位の「8」を、別々に計算している。この間違いをしていた子どもは、わり算の意味が理解できていない。すなわち、わり算が、756の中に18がいくつあるのかを考える計算だということがわかっていない。

【パターン2】商を立てる場所はわかる。しかし、商の見当をつけることができない。余りが、わる数よりも大きくなってはいけないことも理解できていない。

【パターン3】商を立てる場所がわからない。できるだけ大きい数字にするために、9を立てている。中には、補助計算を書いていないので、かけ算の筆算で計算ミスをしている子もいた。

【パターン4】商を立てる場所がわからない。さらに、かけ算の筆算のやり方を勘違いしている。

このように、つまずきを分析すると、指導のやり方も見えてきた。

なお、算数を拒否した子は、わり算の筆算で以下のつまずきをもっていた。

①　一マスに一文字書くという習慣がないため、位がずれてしまう。
②　補助計算を書かないため、計算ミスをする。
③　商の見当を立てることができない。
④　筆算のアルゴリズムを勘違いしている部分がある。
⑤　わられる数が三桁、または、わる数が二桁になるとできない。

3　子どもの実態に合わせて教える

つまずきを踏まえて指導を行うと、割り算の筆算ができるようになってきた。算数を拒否した子も、一つずつ教えていくとできるようになった。

「筆算がわかった！」と喜んで私に報告に来てくれた。

さて、全員ができるようになった頃、勘違いしやすい問題を出すことにした。本当に理解できているかを確認するためである。

例えば、図のような小数点の位置が異なる問題を出した。

理解の浅い子ほど、「あれ？　どうしたら良かったのかな」と改めて考え直していた。

さらに、かけ算や足し算の復習問題も出しながら、やり方を確認していった。

「この解き方の間違っているところはどこでしょうか？」

a　56)72.5	a　5.6 × 12
b　5.6)72.5	b　23.2 + 56
c　5.6)725	

これは、子ども達の典型的な間違いを示したものである。

やはり理解の浅い子は、どこが間違っているのか説明できず、改めて考え直していた。子ども達は、「このやり方でも計算できるけど、やりにくい」、「どうしてやりにくいのか、どうしたら計算しやすくなるのか」と議論していた。議論することで理解が深まっているようであった。

五年生の一学期が終わる頃、算数を拒否していた子が、かけ算とわり算の筆算を、自力でできるようになった。

半年が経つ頃、算数の学習への態度が急に前向きになってきた。自分から進んで発表するようになった。また、「算数が得意になった」と私に言うようになった。

保護者から「最近、家でもよく勉強しているんです。勉強が楽しいみたいなんです。先生のおかげです」という言葉を聞くことができた。できないと思い込んでいたことができるようになったという事実は、子どもによって何よりも自信につながるものだった。

※（大前暁政〔二〇〇六〕「「どうしようもない」状態からの出発」、木村重夫編『〝算数が出来ない子100人〟を出来るようにした教師の物語　高学年編』明治図書、pp.22-38より加筆・修正して転載）

3 集団で学ぶ効果を高める

1 子どもの「わからないこと」や「間違い」を扱う授業

授業では子どもの考えを交流させる活動が大切だと考えていた。それでこそ、学びが深まると考えていたからである。いわば、集団で学ぶ意味は、考えの交流にあるととらえていた。

集団で学ぶ効果を高めるには、子どもの「わからないこと」や「間違い」を扱うことも、一つの工夫である。

小学校高学年の算数「分数のわり算」の様子を、当時の学級通信から引用する。

【算数の授業記録】学級通信より

分数の勉強を進めていると、子どものちょっとした間違いが出ました。

①は子どもが考えたやり方です。教科書にも書いてあります。①は正しいのです。

ところが、②はどこかが間違っています。

さて、どこが間違いでしょうか。

子どもに聞くと、「途中で約分することがおかしい」ということになりました。

そこで、聞きました。「今まで、分数のかけ算では途中で約分していました。この場合はおかしいという理由をノートに書きなさい」

子ども達は必死になって考えました。次々と、黒板の前に出て説明を始めました。

ちょっとしたことなのですが、頭を使いました。

① $\frac{4}{5} \div 2 = \frac{4 \div 2}{5} = \frac{2}{5}$

② $\frac{5}{8} \div 2 = \frac{5 \div 2}{8} = \frac{5 \div \cancel{2}^{1}}{\cancel{8}_{4}} = \frac{5}{4}$

授業の中で、とんでもない意見や、一見もっともらしいのに、よく考えると間違っている意見などが出ることがある。また、「わかったつもりになっていたこと」や、「よく考えるとわからないこと」が出ることもある。こういった意見が出たら、立ち止まって議論させるようにしていた。貴重な学びの場となるからである。

子どもの「わからないこと」や「間違い」を検討していると、実は他の子も同じような勘違いをしていたことがよくあった。また、どこが間違いかを尋ねてみると、実はよくわかっておらず、どこが間違いかがわからない子もいることがあった。

時に、根本的な「そもそも論」の議論になる場面もあった。例えば、「そもそも、分数の割り算は、なぜこのようなやり方（分子と分母をひっくり返してかけ算で考える）で計算するのか？」などである。この議論は、大変盛り上がった。

子どもの考えを自由に言える雰囲気を大切にしていた。「わからないこと」、「間違い」こそ、自由に言えるようにしたいと考えていた。

「間違いがあるから、学びが深くなる」、「間違いがあるから、学問は発展してきた」、「わからないことから、学問は始まる」という話をよくしていた。これらのことを、私は科学研究の世界で学んできていた。その話を子どもにすることもあった。

「わからないこと」や「間違い」の価値に子どもが気付いてくると、徐々にそのような雰囲気はつくられていった。自分の間違いを堂々と発表し、「どうしてこれではダメなのでしょうか」と、全員に尋ねるような子が次々と現れてきた。

2 討論の授業

さて、授業では、子どもによって様々な考えが出されることがある。そして、意見の食い違いが生じることがある。意見が食い違うと、話し合いの時間をとるようにしていた。

特に、じっくりと話し合う価値のある問題は、子ども同士での「討論」を行うようにしていた。

自由に発言できる雰囲気の中で行う討論こそ、集団で学ぶ効果を高める学習だと考えていた。

多くは、単元の最後の考察の場面で、討論を取り入れることが多かった。

国語なら、「物語の主題は何か」で、討論させるという具合である。

他にも、次のようなテーマで討論を行っていた。

算数「三分の一メートルは本当につくることができるのか」

社会「日本の農業はこれからどんな方向に進むべきか」
理科「地球環境を守るために、今の便利な生活を変えるべきか」
ある程度の情報の蓄積があれば、予想段階で討論になることもあった。
その一コマを学級通信から引用する。小学校三年生の社会科の授業である。

～冷蔵庫の代わりは？～

◇社会科で昔のくらしと道具を調べています。社会の教科書に二つの絵がのっています。
一つは、おじいさん、おばあさんが子どものころの台所です。

もう一つは、お父さん、お母さんが子どものころの台所です。

気付いたことを発表してもらうと、「井戸がある」、「つぼがある」、「まきがあって火をつけている」などの意見が出ました。

次に、主な道具の変化を考えていくことにしました。

「ガスコンロ」、「水道」、「冷蔵庫」です。今と昔とでは、ずいぶん変わっている三つを選びました。
◇「お父さんやお母さんが子どものころにガスコンロはあったのでしょうか?」
子どもたちは絵を見て、「あったー!」「あるよー」と口々に言います。
「では、おじいさんやおばあさんが子どものころにガスコンロはあったのかな?」
子ども「ない！　ない！」、「たき火！」「かまど」
黒板に、次のように書きました。
ガスコンロ　↓　ガスコンロ　↓　たき火・かまど
（今）　↓　（少し昔）　↓　（大昔）

◇「次は水道です」と言って、黒板に書きました。

水道　→　□→□

（今）　→　（少し昔）　→　（大昔）

教科書の絵を見ながら、意見がいろいろと出て、

水道　→　水道　　→　井戸・水がめ

（今）　→　（少し昔）　→　（大昔）

ということになりました。

◇そしていよいよ三つ目。少し難しいのが冷蔵庫です。

冷蔵庫　→　□→□

（今）　→　（少し昔）　→　（大昔）

冷蔵庫　→　冷蔵庫

（今）　→　（少し昔）

少し昔までは、みんな一緒でした。

ところが、「大昔」だけ、みんなの意見がバラバラになったのです。

【大昔】

①水につけておく（※クラスの半数が支持）　②つぼに入れる

③食べるときだけ、野菜や肉をとってくる　④すずしいところにおく

人数の変動がありながらも、二十分ほど討論は続きました。もう、大盛り上がりです。

◇「水につけておく派」の意見

・夏に水につけておくと、涼しい。

・害虫も水の中までは入ってこれないと思う。

「つぼに入れる派」の意見
・つぼのふたをしていれば，虫は入ってこられない。
・日陰に置いておけば，涼しい。
「食べるときだけとってくる派」の意見
・畑が近くにあれば，食べるときだけとってくればいい。
・昔は生き物を飼っていた。
「すずしいところ派」の意見
・二，三日腐らなければいいのではないか。
・日陰に置くだけで大丈夫だ。
◇「水につけておくなんて，食べ物がふやけるんじゃない……」とか，
「つぼに肉をそのまま入れるなんて汚い！」

「食べる時だけとってくるっていうのは，野菜だけで，肉は無理なのでは？」

「すずしいところにおいても，夏は暑いんだから腐るはずだ」など，たくさんの意見が出ました。

さて，正解やいかに……。


討論を行うと，考えの違いが明確になる。予想段階でも，単元終末の考察場面でも，やはり考えの違いは明確になる。だから，もっと調べたくなる。そして，各自が興味をもった課題を，自分なりに調べていくようになる。そういった授業になれば良いと思っていた。

4 運動が苦手な子どもへの体育指導

1 具体的な事実の記録から上達方法を考える

ある年、運動が苦手なＫ君を担任した。頑張り屋で、優しく、頭の回転が速い子だった。運動だけは大の苦手で、体育の時間になると、元気がなくなっていた。

低学年の頃は、階段の昇り降りですら、ままならなかった。四年生になっても、階段では、ゆっくりと足を地面につけ、手すりをしっかりとにぎりしめ、一歩一歩確認するように昇り降りしていた。

休み時間に外で遊ぶことは、ほとんどなかった。友達に誘われて、やっと外に出るという感じであった。ただし、外に出ても、動きの速い子にはついていけない。サッカーのときなどは、ボールから離れ、みんなの後ろからついていくのが常だった。時々、ボールが自分の方に転がってくると、喜んで走っていった。

私が担任してから、外遊びに誘うようになった。誘うと喜んでくれた。本当は、運動をしたいと思っているようだった。

担任して一ヶ月、授業で逆上がりが始まった。

他の子は、次々と逆上がりができるようになった。しかし、K君は、前回り下りさえできなかった。鉄棒の経験がほとんどないからだった。

休み時間には、本人の希望で、毎日のように外で鉄棒練習を行うようになった。進歩はゆっくりと訪れた。一見すると、何も進歩していないように見えた。が、細かく運動を分けていくと、少しずつだが、進歩しているのがわかった。

二ヶ月の練習期間を経て、ようやく前回り下りができるようになった。

このことが、本人にとって、大きな自信になったようだった。休み時間に遊んでいると、ふと鉄棒の前に行き、前回り下りをさっとやってみせるのだった。

懸垂も練習した。懸垂ができるようになるには、筋力の発達を待たなければならない。あせらず、少しずつ練習を繰り返した。

やがて持久懸垂が十秒程度できるようになった。しかし懸垂は一回もできなかった。

医師の話では、運動面に関してだけ、三年の遅れがあるということだった。協応動作が苦手なのも、運動の遅れによるものだった。

鉄棒の指導で、わかったのは次のことだった。

① ゆっくりとだが、運動の技能は上達する（二ヶ月後には、前回り下りが楽にできるようになる）。

② 運動の経験が足りない（練習当初、逆さになることを恐れていた。「大丈夫、先生が補助するし、ベルトが体についているから、絶対に落ちることはない」と安心させながら、練習した。何度も繰り返すことで、恐怖感を取り除くことができた。小さい頃から、逆さになった経験がなく、逆さ感

覚に不安を覚えていたらしい)。
③　筋力が足りない。最初は、自分の体を五秒と持ち上げられなかった。
④　協応動作が苦手である。

このような具体的な事実を一つ一つ記録していった。そして、本人にとって一番良い上達の方法を考えるようにしていた。

2　パーツに分けた運動技能の習得と運動技能の連結～走り高跳びの指導

二学期になり、体育で走り高跳びを教えた。一時間の指導の様子を紹介する。

最初は、三角コーンにゴムひもをつけ、五十センチメートルほどの高さにし、それを跳ばせていた。他の子は簡単に越えていった。

K君は、ゴムの前で必ず、助走をストップした。いったん止まり、そこから「またぐ」のである。「跳ぶ」のではない。「右足を上げ、下ろす。その後、左足を上げ、下ろす」このように、ゆっくりとまたぐのである。

何度練習しても、助走をストップするのと、またぐのは変わらない。

小学校の高跳びは「またぎ跳び」なので、またぐこと自体は悪くない。しかし、跳ぶという動作が入っていないのである。

そこで、「跳ぶ」だけの練習をすることにした。

「その場で高く跳ぶ」ことだけを、繰り返し練習するよう言った。両足をそろえて跳ぶことはできる。しかし、「右足を振り上げるときに、左足で跳ぶ」ことが難しい。一つ一つ教えながら、何度も練習させた。

次は、バー（ゴム）の前に立ち、助走なしの止まったままの状態で、バーを跳び越えさせた。これはうまくいった。左足で踏み切って、バーを越えることができた。

次に、助走をしながら、越えさせた。

しかし、これはだめであった。「助走↓跳ぶ」というステップには、大きな壁があった。助走をストップし、止まってから跳ぼうとするのである。

ゴムの長さを三十センチメートルほどに下げても、やはり止まってしまった。

走ったまま、連続で跳ぶということができなかった。運動の一つ一つを連結して行うのは困難で、バラバラでしかできないのである。

そこで、助走だけの練習をした。

基本は、三歩の助走だということを話し、左足で踏み切るときは、「左、右、左」と足を出すように言った。四十五度の角度から、バーに向かって直線に走るように言った。

バーに向かって走る練習を続けた。「走りながら跳べそうなら、そのまま跳んでね」と言っておいた。

最初は、両足踏み切りでも良いことを伝えた。

K君は三歩の助走でも、やはり、いったん止まってから、少し跳んでまたぐのである。しかし最初と違うのは、左足で力強く踏み切って、ジャンプしようとしている点であった。

何度もやっていると、K君が助走から跳ぶまでの流れが自然にいくようになった。半分ぐらいは、両足踏み切りだった。バーの高さを三十センチメートル程度まで下げたので、両足踏み切りでも跳ぶことができた。

やがて、三歩の助走なら、「助走→跳ぶ」の動作が連続して行えるようになった。そこで、助走を五歩、七歩、九歩と増やしていった。

そして、K君はついに、「走りながら、片足踏み切りで跳ぶ」ことができたのである。しかも、何と六十センチメートルの高さまで跳ぶことができるようになった。

ささやかな進歩であったが、本人にとっては特別なことであった。

その日の日記には、次のように記されていた。

「自分にとっては記念日だと思っています。そんなに自まんではありません。でも、本当本当本当に、すごくいい日だったと自分では思っています。」

走り高跳びを教えている過程でわかったのは、次のことであった。

① 運動と運動のつながりには、大きな壁がある（走りながら跳ぶという運動の連結が、スムーズにできない）。

② 運動をいくつかのパーツに分け、一つずつ練習させると、一つの運動技能を習得させることができる。

③ パーツごとの運動に慣れてきてから、二つの運動技能をつなげるよう促すと、運動の連結がスムーズにできるようになる。

3 根気よく取り組む細かいステップとできるようにするという決意～二重跳びの指導

高跳びは、一日の指導で進歩を感じられたのだが、難しかったのは縄跳びであった。

縄を回すという動作と、跳ぶという動作を、同時にしなくてはならなかったからである。

二つ以上の運動を連結するのが、困難であった。

そのため、最初に受けもった四年生の一年間は、とにかく前回し跳びがスムーズにできるようになることを目標とした。

というのも、運動が全部バラバラだったからである。

「縄を回す。縄が止まるのを待って、縄を見る。止まった縄のそばまで近づく。縄を両足で跳んで越える。呼吸を整える。また縄を回す」

このような具合で縄跳びをしていたのである。

練習中、不安になった本人が聞いてきた。

「先生、こういう跳び方なのですが、これも一回になるのですか」

私は「もちろんです」と即答した。そして、できれば毎日百回跳ぶことを目標にしようと話した。

時間のかかる跳び方だったが、百回を目指して練習を続けていると、ほんの少しの変化が見られるようになった。

例えば、「止まった縄のそばまで近づく」というステップが消えた。

縄を自分の足元近くまで回せるよう、コントロールできるようになったからであった。わざわざ止まった縄に近づかなくてもいいよう、跳べるちょうど良い場所に縄を回せるようになったのだ。

他にも、「止まった縄を見て、タイミングよく両足でジャンプする」というステップも消えた。動いている縄をそのまま跳び越すことができるようになったからである。

こうして、練習を続けると、細かなステップが消え、運動と運動を連結できるようになっていった。百回跳ぶと、一つのステップが消えていくという感じであった。

最終的には、ぎこちなかったが、何とか前回し跳びができるようになった。だが、体全体で縄を回し、体全体で跳び、また体全体で縄を回すという感じだったので、十回も跳べば疲れてしまっていた。

そこで、一回縄を回すときに、二回トントンと跳ぶようにさせた。これで、リズムよく、楽に跳ぶことができるようになった。

五年生のときには、ずいぶん上達した。トントン跳びであったが、前回し跳びがスムーズにできるようになった。しばらくすると、トントン跳びでの「後ろ跳び」ができるようになり、ついにあや跳びまでできるようになった。

六年生のときには、私とK君との間に、一つの目標が生まれていた。二重跳びを達成しようというものである。

なお、三年も指導に時間がかかっているのには理由がある。縄跳びの練習は、体育で設定された時間に行ったからである。時数が限られているので、どうしても上達に時間がかかる。

また、休み時間も縄跳びをすることはあったが、大半の休み時間は、K君の好きな遊びを優先していたからである。休み時間になると、K君と私は、サッカーやドッジボール、テニス、バスケ、鬼ごっこ、昔遊びなど、そのとき流行している遊びを、他の子ども達と一緒にやっているのが常であった。様々な遊びを経験させることで、様々な運動技能を高めることができる。それが結局、二重跳びにも効果を発揮すると考えていた。

さて、二重跳びに移行するまでに必要だと考えていたのは、トントン跳びでの前回し跳びではなく、一回ジャンプするだけの前回し跳びである。しかも、その通常の前回し跳びが、もっと速くできなくてはならないと考えていた。

体全体で跳んでいる前回し跳びを、すばやく・スムーズに跳べるようにするため、前回し跳びの練習を続けた。

跳ぶだけの練習も行った。「まっすぐの姿勢」で、「足のつま先を使って跳ぶ」ことだけを、繰り返し練習させた。ジャンプは五センチメートル程度跳べば良いと教えた。あまり跳ばない方が体力も続くし、すばやく前回し跳びができるからである。

縄を回すだけの練習も行った。縄を回すだけでもコツがある。上手な回し方は、わきをしめて手首で回すやり方である。練習は次のようなものを行っていった。

① 縄を回すだけの練習
② 跳ぶだけの練習
③ 跳んで、空中で手をたたく練習

④　トントン跳び百回
⑤　通常の一回跳びでの前回し跳び百回
⑥　あや跳びなどと様々な跳び方の練習
⑦　二重跳びに挑戦

二重跳びのためのジャンピングボードは三台あった。しかし、K君の場合、土の上でないと、跳ぶこと自体に困難さを示した。そのため、基本的に土の上で練習をさせることにしていた。

二重跳びができないまま、六年生の三学期を迎えていた。卒業までに何とか二重跳びを達成したいと本人が望むので、三学期は集中的に縄跳びの練習を行うことにした。

二月中旬に練習をしたときには、通常の前回し跳びが連続六十回ほど跳べるようになっていた。最高は七十回であった。

そして前回し跳びの回数が増えてきたある日、「速く跳んでごらん」と指示した。すると低く速く十回ぐらい跳ぶことができた。

練習開始から、劇的に変わったのがこの瞬間であった。十回ぐらいまでは、一秒に二回以上の速さで跳んだのである。

速く跳ぶには、手首で縄を回すしかない。手首を使わざるを得なくなるのだ。こちらの意図通り、K君は、速く跳ぶときには、自然と手首だけで回すようになった。

そして練習を続けること一ヶ月。卒業間近の三月になって、ようやくたった一回の二重跳びができたのである。それは突然にやってきた。

前あや跳びと後ろあや跳びの練習を一ヶ月続け、二十回ほどできるようになったとき、ふと私が言ったのである。「おそらく、二重跳びができるぞ」と。

K君はおそるおそる二重跳びをしてみた。すると、一回だけできたのである。

三年かかって、やっと一回できたのである。

連続は難しかったが、一回だけなら確実にできるようになった。

たったの一回のために、どれだけの経験と努力が必要だったか。この日、学級は喜びに沸いた。

指導していく上で、嬉しかったのは、本人が運動を好きになってくれたという事実であった。

教室には様々な子がいる。四十人いれば、四十人の指導の方法や順序がある。

一人ひとりに対応する力を身に付けるには、本腰を据えて、できない子をできるようにするという決意が絶対に必要である。その過程で力及ばずに、できない子ができないままだったという辛い事実を経験するかもしれない。

子どもは誰でも力をもっていると思う。しかし引き出すことは非常な困難を伴うこともある。

5 一人ひとりに最適な教育を目指す

1 一人ひとりに最適な教育を行う

教員になって四年目に、町外れの自然豊かな学校へと異動となった。結婚に伴い転居の必要があったからである。大規模校から一転して、小規模校への赴任であった。

小規模なので、一年生から六年生まで一緒になって学ぶ機会も多々あった。異学年交流は頻繁に行われていた。ここで、全学年に教える経験ができたのはありがたかった。

学級は十名程度であった。しかも、異学年が一緒になっている学級だった。

異学年が合同で授業を受ける形の学級では、A年度、B年度のように、各学年の単元を二年間で習得するシステムになっている。

例えば、A年度では、五年生で学習する単元を半分、六年生で学習する単元半分を、一年間で学習する。B年度では、昨年度行わなかった単元を半分ずつ学習する。二年間で、二学年分の学習ができるわけである。

これはうまい仕組みなのだが、三年生なのに四年生の教材を学習するということが起きる。するとどうなるか。国語の四年生教材を、三年生が学習するとなると、漢字が読めないし、熟語の意味もわからない。文章も難解なので、学習で躓いてしまうことがある。

算数では、一つ上の教材を学習することは、極めて難しい。

そこで、算数や書写の時間は、三年生と四年生は別々に学習を行う。教員が二人いれば、別々に教えることができるが、担任一人で教える場合もある。一人で教える場合は、わたりの授業を行う。

わたりの授業とは、二学年を一人の担任で教える方法である。三年生を教え、すぐまた同じ教室で四年生に指示を出し、また三年生に教えるのである。このように担任が学年間を行ったり来たりするので、「わたり」と呼ばれている。つまり、複数の学年を、一人の教員が同時に教える形をとるのである。

このように、異学年が同じ教室で学習し、授業を一人の担任が受けもつ場合、様々な問題が生じる。中でも最大の問題は、「学力差にどう対応するか」である。

通常、同学年でも学力差はある。異学年だと、さらに学力差が大きくなってしまう。学年によって知識や経験の蓄積量が異なるからである。

四年生にもなると、多くの熟語を知っている。辞書を引くスピードも速いし、パソコンの活用にも熟達している。ところが、三年生はこうはいかない。まず、ローマ字を学習していないので、パソコン入力に差が出てしまう。学習した漢字も、二百文字程度の差がある。

このように、学習に必要な知識や経験に、学年差があるのだ。

三年生のできない子と、四年生のできる子のどちらも、授業に熱中させ、しかも基礎学力を保証する授業を行わなければならない。できない子をどうするかという問題と、できる子をどう伸ばすかという問題が常に付きまとっていた。

この状況に置かれたことで、これまで目指していた「一人ひとりに最適な教育を行う」ことをより強く意識するようになった。

2 学級の全員に対する「指導計画書」の作成

ここにきて私は「特別支援教育」で行ったことを、全員にやってみようと考えた。

特別支援教育では、一人ひとりに対し、目標を設定し、目標を達成する方法を設定し、指導計画を詳細に立てる。その指導計画は、年度途中でも反省と改善を繰り返し、次々と更新していく。

このような一人ひとりに最適な「指導計画書」を、学級の全員に対して、立ててみようと思ったわけである。

四十人学級のときには、特別支援を要する子や、学習に困難さを抱える子、不登校の子など、配慮が必要な子どもだけに「指導計画書」をつくっていた。

例えば、「五月までに学習に向かう姿勢を高める」、「六月までに毎回の授業で、学習の振り返りとまとめを自分でできるようにする」などという、個別の指導計画を記載していた。

もちろん、四十人学級でも、一人ひとりへの最適な教育を意識はしていた。しかし、詳細な「指導計画書」までは作成していなかった。それを、やってみようと思ったのである。

十人分の課題をつかみ、十人分の目標を設定することは、そんなに難しくなかった。

例えば、「漢字テスト年間平均点九十点以上」、「算数の年間平均点九十点以上」、「都道府県名を八十パーセント言える」、などといった全般的な目標は、基本的には全員が同じである。

そこに、特別に算数が苦手な子に関しては、「一学期最初は、算数への興味や関心を高め、学習意欲を高める」、「一学期最初の段階で、平均点八十点以上を常時とれるようにしていく」などと、別の目標を考え、そして詳細に手立てを考えていくのである。

この「指導計画書」はうまく機能した。小規模校に三年間いた間、一人ひとりに、きめ細かな指導ができたからである。

3 詳細な「目標シート」の活用

私自身が作成した「指導計画書」の他に、子ども自身にも「目標シート」を書かせるようになった。

教師一年目から、「目標シート」は書かせていた。ただ、小規模校に来てからは、さらに詳しく書かせるようになったのである。

まずは、今年一年でどんな目標を設定するのかを、子どもに考えさせる。
① 学習や運動面でどのような目標を達成したいですか。
② 友達との関係で、どんな目標を達成したいですか。
③ その他、生活面などで、どんな目標を達成したいですか。

「自分が心から達成したいと思える目標を書きましょう」と説明した。

続いて、その目標を達成するために、どう具体的に行動するかを書かせた。それを私とその子とで共有した。つまり、目標と、目標を達成する方法とを、子どもと教師が共有したのである。

この「目標シート」があるおかげで、目標に沿って、励ましや助言などのフィードバックができるようになった。

子どもは、「心から達成したい目標」なので、より一層努力するようになった。しかも、教師は効果的な指導ができるようになった。そのため、相乗効果が発揮されるようになった。だから高い目標であっても、年度途中で達成できることが多かった。

目標を達成したら、新しい目標に挑戦するよう促した。

4 一人ひとりの思いや願いを実現するための指導力

「目標シート」を詳しく書かせるようになり、気付いたことがあった。それは、子どもが実に多くの思いや願いをもっていることだ。

そして子どもの思いや願いが、私の思いや願いにもなってくるのである。

例えば、ある子が水泳で、「二十五メートルを、今年こそ泳ぎたい」と思っているとする。

平泳ぎで二十五メートル目指すのか、クロールで二十五メートル目指すのか、とりあえず、練習を始める。どうも、平泳ぎの方が上手にできることがわかる。そこで、私とその子で相談して、平泳ぎで二十五メートルを目指すことにする。次に、平泳ぎのキックと息継ぎのリズムをつくることを目標にする。それができたら、しっかり伸びをして、キックの後、体が浮く時間をつくる練習に移る……。教えていくうちに、子どもの思いや願いを達成させてあげたいと、私もまた思うようになっていく。

二十五メートル泳ぎたいという願いだけでも、次はこれをして、次はあれをして、というように教師と子どもで課題を決め、次々とステップを完了していく作業が必要になる。こういうことを、十人いれば、十人が皆、必要としているのだ。

このように、一人ひとりに最適な教育を行うという、当たり前のことを強く自覚し、きめ細かな指導を心掛けるようになった。

そして、子ども一人ひとりの目標を達成させられるかは、教師の力量にも左右されることに、気付かされた。

子どもが高い目標に挑戦するということは、その高い目標に対して指導する力が教師に求められることを意味する。例えば、一度の作文で、原稿用紙百枚書きたいといった小学校三年生がいた。

その場合、原稿用紙百枚書けるだけの「書く力」を、指導によって育てなくてはならないのである

（実際にその子は、一度の作文で百枚書くことができた）。

子どもを成長させるには、教師が成長しないといけないのだと、強く思うようになった。

Chapter 4

学級集団の荒れに立ち向かうための成功法則

1

どんな学級集団を育てたいか

学級担任として、より良い学級集団を育てたいと願っていた。

では、どうなったら「より良い集団」と言えるだろうか。

私はその答えを、「切磋琢磨できる集団を育てる」ことにあると考えていた。

詳しく言うと、「互いの自己評価を高め合い、互いの目標（ゴール）を高め合い、努力を継続できる集団」である。

そしてそれは、楽しい雰囲気の中で実現すべきだと考えていた。

学校は、子どもが生活する場である。子ども時代の多くの時間を、学校で過ごすことになる。だからこそ、学校・学級は、楽しい場であることが何よりも大切と考えていたのである。

楽しい中で、各自が心から達成したい目標（ゴール）を決め、挑戦している状態を目指していた。

しかも、高い目標への挑戦によって、充実した毎日も過ごすことができるようになる。

このように、「楽しく」、「充実した」学校生活を送れるようにしたいと考えていたのである。

2 現実の学級集団の姿

ところが、私が教員になった頃、そういう「高み」を目指せる段階にない学級の方が多かった。むしろ、「学級崩壊を防ごう」と、学校全体で気を配っている有様であった。

何と言っても、小学校一年生の教室ですら学級崩壊が起きていたのである。学年が上がるにつれ、学級の荒れは広がり、高学年になると学年全体が荒れてしまうことも珍しくなかった。

毎年、どこかの学級や学年が荒れ、何ヶ月も授業が成立せず、教師の指示が通らず、教師に対する暴力や暴言が続くのである。学級崩壊を防ぐ方に教師の意識がいくのは、無理からぬ状況であった。

このような状況から、切磋琢磨できる集団に育てるには、段階を踏む必要があった。

まずは規律を浸透させる必要があった。また、いじめや差別のない学級にする必要があった。「自分の考えを表明しても攻撃されない」という、心理的安全性のある学級にしなくてはならなかった。

しかし、荒れた学級を前に、その理想は高い峰であり、長い道のりであった。

新卒時代、小学校三年生の学級で、子ども達が掃除をさぼることがあった。それも多くの子がさぼっていた。

一人ひとりに明確な役割を与え、そして評価を行うことで、子ども達は掃除をするようになった。責任感が生まれたからである。

しかし、子ども達は掃除に対し、心から納得していたわけではなかった。「どうして掃除が必要なの？」「どうして毎日掃除しないといけないんだ」と私にくってかかる子もいた。

そこで私は、一日掃除をしないことにしてみようと提案した。

子ども達は大喜びで賛成した。まったく掃除をしないのは初めてだと、子ども達は口々に笑顔で言った。掃除をしない代わりに、掃除時間には、教室で遊んで良いことにした。子ども達はわざと教室を汚すようにして、遊び回っていた。「掃除無しなんて最高！」とはしゃいでいた。

さて、次の日、まったく掃除をしなかった教室は、乱雑で汚い状態になっていた。消しゴムのカスや、何かの紙切れ、ティッシュ、落とし物、埃などが散乱していた。運動場の土まで入り込んでいた。おまけに、靴箱や廊下、流しなども、汚れたままだった。

これには子ども達も閉口した。「たった一日でこんなに汚れるなんて」と驚いていた。

「やはり掃除は必要なんだ」と、実感として理解できたようだった。

このように、「当番活動をしようとしない」という問題一つとっても、丁寧に、時間をかけて教えていく必要があった。切磋琢磨できる集団を育てるまでに、乗り越えなくてはならない壁が多々ある状況であった。

3 荒れた学級の立て直し

私の学級経営、そして子どもへの対応で、最も大切にしていたのは、「子どもの自己評価を高めること」であった。子ども一人ひとりを伸ばす上でも、学級集団の質を高めるにしても、「子どもの自己評価を高めること」が出発点であると考えていた。

自己評価が高まると、子どもは「自分は成長できるし、力を伸ばしていける」と思えるようになる。すると、子ども自身がもつ「自分のイメージ」がより良いものに変わってくる。「自分はやればできる」と強く思えてくる。

だから、一人ひとりが高い目標へ挑戦するようになる。新しい「自分のイメージ」に沿って行動するようになるからである。

周りが高い目標に挑戦するようになると、それを見て、自分も頑張ろうと思える。目標を高め合うようになる。

しかも、自信が出てきた子は、人の頑張りを認めることもできるようになる。やがて、互いの自己評価を高め合う集団になる。自己評価が高まると、さらに高い目標へ挑戦できるようになる。これこそが切磋琢磨できる集団だと考えていた。

教師二年目に、入学以来学級崩壊を繰り返している五年生を受けもった。始業式の日、私は学級通信第一号を配付した。そのときに書いた内容を抜粋する。

少し長くなりますが、私の思いを書きます。

人間の可能性の話です。

発明王といわれたエジソン（1847-1931）は小学生の頃、授業にいろいろな質問を繰り返すばかりで、ちっともまともに学習しようとしませんでした。エジソンの書いた手紙が残っていますが、スペル間違いが多くあります。あのエジソンも文を書くことは苦手だったようです。ある時、級友の前で、先生から「君の頭は腐っている」と言われ、教室を飛び出しました。そして二度と学校へ行きませんでした。

相対性理論を発表して物理学に貢献したアインシュタイン（1879-1955）は、子どもの頃、言葉の発達が遅く、両親を心配させました。語学が苦手で学校の成績もさっぱりでした。ところが、数学だけは抜群でした。先生からは、「数学ができるのだから、他の科目もできるはず。怠けているに違いない」と言われました。

この二人に共通することは、身近に支えてくれた人がいたことです。

エジソンの場合、母親が優しい言葉で何度も励ましてくれました。

アインシュタインの場合、高校や大学の教師が、努力や才能を認めてくれ、何度も励ましてくれたそうです。

このように、自分の才能を伸ばした人に共通しているのは、身近に励ましてくれた人がいたことなのです。

残念ながら、ここまでの話で、小学校教師はあまり良い役で登場していません。

子どもはまだまだ成長過程にあるのですから、何かできないことがあるのは当然です。

大切なのは、今はできないことがあっても、未来にできるようになると考え、温かく見守りながら、教え、育てることです。

例えばノートを机に出している。たったそれだけでも私は全員をほめます。
さらに下敷きが入っていれば、もう一度ほめます。
さらに、定規を使っていたら、赤鉛筆を使っていたら……。ほめるところはたくさんあります。
この一年間、子ども達の良いところをたくさん見つけ、ほめていこうと思っています。

この学年は、昨年度までひどく荒れた状態だった。「教師が怒鳴らないと授業が成立しない」そんな状態が長く続いていた。それほど私語が止まず、大声で騒ぐ子や、暴れ出す子、教室から脱走する子がいた。前担任は口をそろえていった。「とにかく、どうしようもない。指導が入らない」

受けもってみて、強く感じたのは、エネルギーに満ちた子が実に多いことだった。教室全体が、騒々しさに満ちていた。活動にほんの少し「空白の時間」が生じただけで、私語が止まらない状態になる。注意しても騒々しさは収まらない。「騒々しいのが当たり前」という環境で何年も過ごしているので、「静かな状態」の方が居心地が悪くなるようだった。

教師が何か指示したり、提案したりすると、すぐに反対や文句の声が挙がった。「なんでそんなことするの?」、「めんどくさい」、「適当にやればいいでしょ、ねえみんな」こんな声が飛び交うのである。そして教室はすぐに、騒乱状態になるのであった。少しでも騒がしくなると、歩き回ったり、机を蹴って回ったり、物を投げて遊んだりするのである。

グループでの学習や、係活動など、四人程度のチームを組んで行う活動がとにかくできなかった。

どこかのグループで言い合いが始まり、時には、取っ組み合いの喧嘩が始まるのである。中には、四人全員がバラバラの個人作業を始め、一切関わろうとしないこともあった。

とにかく、エネルギーはあるのだが、その方向がバラバラという感じであった。後ろ向きにエネルギーを発散していて、皆が違う方向を向いている状態なのである。いじめがあることも、前担任から引き継いだ。陰湿ないじめが、目立たない子を標的にして続いていた。

出会いの日、子ども達は、不安そうな顔つきの中に、それでも、かすかな期待の色が浮かんでいた。明るさのある一方で、自信のない子どもが多いのが気になった。

例えば、何かの代表者やリーダーを選ぼうとすると、立候補をする子が極端に少なかった。発表のときに、挙手する子も少なかった。間違いを極度に恐れている感じであった。

私は、学級開きからなるべく早く、「人間には、誰でもすばらしい可能性を秘めている」ということを事実で示す必要があった。平たくいえば、一人ひとりに、「できたという体験」、「成功したという体験」を保障しなくてはならなかった。

とにかく、少しでも頑張ったことがあれば、その努力を認めていった。「ほめる、認める、励ます」という対応を基本方向とした。

授業で自分の考えをノートに書こうとした（書けなくても良い）だけでほめるようにした。発表をしようとした（発表できなくても良い）だけでも、そのやる気を認めていった。

最初は、小さな成長の事実を取り上げ、ほめ、認め、励ましていった。

すると、学級開きからしばらくして、ある変化が訪れた。

それは、子ども達の「荒れのエネルギー」が、「頑張る方向のエネルギー」へと変わり始めたことである。集団の雰囲気が前向きなものに変わったのである。

小さな成長でも、子どもと一緒に心から喜ぶ。そうすることで、個人の考え方が変わってくる。「今年は頑張ってみようかな」と思える。

一人ひとりの考え方が変わり、前向きに行動する子が増えてくる。

特に、去年まで荒れていた子が、頑張るようになると、周りの子も「あの子も今年は頑張るようになったのか。じゃあ、自分も頑張ってみようか」と思えるようになる。

前向きな方向へ集団の雰囲気が変わると、はみだしていた子も、不思議なもので、前向きな方向へと歩み始めた。

ただし、荒れている子ども達を成長させるには、一筋縄ではいかないことが多かった。

荒れた学級を立て直すには、子ども達と対決する場面が、多々生じたからである。

勝手な行動をとっているなら、たしなめなくてはならない。友達が頑張っているのを馬鹿にする子がいたら、それはなぜだめなのか懇々と語らなければならない。

一人ひとりの成長を阻害する出来事には、毅然と対応していく必要がある。

そんな中で、成長の事実をつくりあげ、それを子どもと一緒に心から喜ぶようにしていた。

やがて、子どもの自己評価が高まり、そして、「自分は頑張れそうだ。もっと成長できそうだ」と思えてくると、去年までの荒れが嘘のように落ち着いた学級になっていった。そして半年も過ぎる頃には、切磋琢磨する集団になっていったのである。

4 いじめや差別を許さない学級づくり

1 何気ない会話の中の差別

六年生を受けもった際、いじめや差別を無くす指導を繰り返していた。というのも、以前、この学年ではいじめが頻発しており、解決できていない事例も多々あったからである。

担任になってから、「いじめは人として許されない」、「いじめは法律で禁止されている」、そう繰り返し教えることにした。また、道徳や学級活動で、いじめや差別を予防する授業を行った。

学級の雰囲気はずいぶん良くなってきたと私なりに感じていた。昨年度まで解決していなかったいじめの事例も、解決に向かっていた。

しかしそれでもなお、ほんのちょっとした瞬間に、いじめや差別の芽が見られるのである。

例えば、プリントを配布する際、仲の良い子には笑顔で丁寧に渡している。ところが、他の子には投げて渡すなど、ぞんざいなやり方で渡している。また、仲の良い友達には、笑顔で挨拶する。しかし、その他の子には、無視したり、関わろうとしなかったりする。

それはほんのわずかな言動である。例えば、ある子だけ、ほんの少し無神経な扱いをするといった、ごくわずかな違いである。しかし、それがどうしても許せなかった。

一学期、二学期と、私なりに手応えは感じていたのである。ずいぶんと、差別やいじめはなくなったと。それどころか、どんな人とチームを組んでも、仲良くとはいかなくとも、皆で協力できるようになってきたと喜んでいたのである。

しかし三学期になり、ある会話が気になった。それを学級全体の問題として、取り扱うことにした。

2 学級全員の問題として考えさせる

五時間目の開始とともに、真剣な声で切り出した。

「掃除の後、どうしても許せないことがありました」

子ども達はシーンとしてこちらを見ている。私は次のように説明した。

「ある人の席を、みんなは知らない、わからない、という会話があったのです。

一生懸命配り物をしてくれているときの会話です。悪意がなかったのかもしれません。でも、このような会話を聞いて注意する人もいなければ、おかしいと反応する人もいない。教室に二十人近くいて、みんなに聞こえる声で話していたにもかかわらず、です。遠くに離れていた先生の耳に届いた会話です。これは言った本人が悪いのではなく、このような状態でも平然としているクラス全員が悪いのだと考えます。もし、みんなに差別を許せないという気持ちがあるなら、友達のことを気遣う気持ちがあるなら、絶対にこのような会話を認めないはずなのです」

言った本人に、その言葉の無神経さを伝えるだけなら、指導はすぐに済む。しかし、このときは、学級全体の雰囲気を問うことにした。当然、私の話を聞いても、「自分は悪くない。関係ない」と考える子どももいた。私にも、不安があった。

「ひょっとして、子ども達が何も反応しないかもしれない」

「子ども達だけでは解決できないかもしれない」

しかし、六年生の三学期である。「このまま卒業させてはいけない。こういう問題を真剣に考えてみてほしい」と考えていた。私は子どもの反応を見てから、次のように指示を出した。

「みんながこのことをどう考えるのか、どうしたらいいのか、話し合って結論を出しなさい。先生は職員室にいますから、話合いがまとまったら呼びに来なさい」

3 子ども達だけの真剣な話合い

二十分経ってから、教室の外まで様子をうかがいに行くことにした。

窓を全部締め切ってある教室の中から、真剣な話合いの声が聞こえてきた。一人が司会をしてくれていた。それが有り難かった。真剣な声に安心し、教室から少し離れた廊下で待つことにした。

すると、間もなくして全員が教室から出てきた。全員で私を呼びにきたのである。私は気の利いた何人かが、呼びにくると思っていた。全員で私を呼びにきたことに、驚きを隠せなかった。教室に入ると、机が討論をするときの形になっていた。活発に意見を交換していたらしいことがうかがえた。

4 全員参加で問題に立ち向かう

シーンとした教室の中、私は、一人ひとりの全員の目を、二度にわたって見た。そして、「どうなりましたか」と静かに尋ねた。

一人が勢いよく立ち上がって、話し始めた。私は、途中までそれを制し、座らせた。

一瞬、子どもの顔に不安の色が浮かんだ。

「Y君は言えるのですね」と一言だけ返した。

全員が言えるのかを尋ねたかったからである。一人でも、何が話し合われたのか言えないようなら、話合いとしては認められないと思っていた。

さらに、何人か立って言おうとしたので、少し聞いてから、また座らせた。

さらに別の三人が立って言おうとしたので、それも制し、座らせた。

「今立った人は言えるのですね」

そして、最後には全員が立って交代で言うことになった。最後に、いつも元気でやんちゃをしている子を見て、「全員言えますね」と確認した。その子は真剣な目で、深くうなずいてくれた。

5 子どもの日記に書かれていた「差別」に対する考え

差別をなくすという話合いは、討論の形で、全員が参加する形で、行われた。はっきりと、全員に問題を突きつけたからこそ、自分事の問題として考えることができたようである。

その日の夜、子ども達は、差別のことを考えてきた。子どもの日記を紹介していく。


「五時間目の差別をなくそう」について　Y君
今日の五時間目、先生が差別のことを言わなかったら、ぼくは、ぼくには関係がないからいいやと思っていた。

でも先生が、クラス全員がいけないのですと言ってくれたから、ぼくは、こういう提案をだした。

水曜日の業間遊びは今まで二つ（のチーム）でわかれてやっていたけど、一つにしぼってやるといったら、ほぼみんなが賛成してくれた。

これからも遊んでいない人がいたら、一緒に遊ぼと言いたい。

「差別」　Dさん
私は、先生に怒られて一日中差別のことを、考えました。

差別は、自分はしてないと思っても、相手からするとしてると思われると思います。

もしかしたら私も、しているかもしれません。

あまり仲が良くない人に、仲良しの人で差別をしたりすると思います。

私もされたくないし、したくもないです。

なくすためには、まず行動をよく考え、一人でいる人を、さそい、いっしょに遊ぶことです。

～差別～　Iさん
私は、六年になってから、クラスに友達が少ないと感じました。

私のような地味な人は極端に少ない。そのかわり、活発な人が多かったです。

その活発な人が、人をよけたり、うわさをしていました。

また、その人をよけて、遊んでいました。

配るとき、人をおぼえていない、ということは、目立つ人しかおぼえていない、ということは、目立つ人しかおぼえていない＝目立っていない人には積極的に話し合っていない（つきあっていない）ということになって、仲間同士で遊んでいることがわかった。

これからは、自分から心を開き、相手の欠点をうめるように、悪いところをなおし、小学校最終学期をすごしていきたいです。

「差別をなくす」　Tさん

私は、今日の討論会で、みんなに大切なことがわかりました。

配り物をする時に、「〇〇ちゃんの席知ってる？」と聞かれて、「知らない」と答えるのは、あまり良いことではないと思います。

その時、私も配り物をしていたのですが、もしも、他の人が友達に自分の席を聞いていて、「知らない」と言われたら、ショックだし、もうその友達とは話したくない気分になると思います。

聞かれて、本当に席を知らないんだったら仕方ないし、「知らない」と言ってもいいと思うけど、知っているのに、ふざけてそんな事を言う人は許せないです。

なぜかというと、それはクラスの大切な友達なのに大切にしていないから許せません。差別をなくすのも、本当はクラスの中には差別があってはいけないのだから、仲間はずれやいじめを受ける人、それをする人が、いてはいけないと思います。

討論の中で出たことは、全員遊びの時に、時々一つのことをみんなでするといいということや、普段の生活の中で、あまり話をしない人やいっしょに遊んだりしたことのない人と一緒にいるといいということでした。私もこの意見に賛成しました。

　長い討論の中でとてもいい話が出来ました。

「差別について」　Yさん
今日、5時間目に「差別」のことで皆で話し合いをしました。

私は差別なんて本当に無くせるのかなあと思っていたけどだんだん話をしているうちに、差別はいろいろな方法で無くせることが分かった。

たとえば、「全員遊びは一つにしぼって遊ぶ」や、「いつも遊んでいる友達以外の人と遊んだり話したりする」という意見もでた。

私は、差別は絶対無くせないと思っている人達もいるけど、絶対無くせると思う。

それは、みんなでひとりぼっちの人をさそって遊んだりしたり、一緒に話したりした方がその人も楽しいしみんなも楽しいからすぐ友達になれると思う。

これからは、ひとりぼっちの人がいたらさそってあげようと思いました。


いじめや差別を無くすため力を注いできた。しかし、教師が力を尽くしても、なおいじめや差別の芽は吹き出してくる。そのたび、ほんの少しでも「いじめや差別を無くす」ことを、真剣に考えてほしいと思っていた。だからこのような話し合いの時間をあえてとることにしたのである。

　子どもを見ていると、「自己評価が高まる」ほど、「いじめや差別は馬鹿馬鹿しい」と考えられるようになるようであった。根本的な解決のためには、「自己評価を高める」視点も必要であった。

5

「学級風土」＝「学級集団が共有している雰囲気」をつくる

1 新学期のはじめにつくりたい「風土」を子どもと共通理解する

学級を受けもった四月。楽しい授業や、楽しいイベントをすることが多かった。新しい学年への期待や、新しい仲間との交流の楽しみを、感じさせたいと思っていたからである。

この四月に、私が重視していたことがある。それは、「学級風土」をつくることである。学級風土とは、学級の集団が共有している雰囲気のことである。

この学級風土は、担任した子どもによって変わる。今ある雰囲気をつかみながら、より良い雰囲気を生み出したいと思っていた。

例えば、担任した子どもが、真面目で落ち着いた雰囲気があるなら、クリエイティブに、面白おかしく毎日を過ごすといった方向の学級風土も生み出すようにする。

もし担任した子ども達が、本気で取り組むのを馬鹿にする雰囲気があるなら、「本気で取り組むことは価値のあることなのだ」という風土をつくっていく。

時に、「価値相対化」の雰囲気が浸透している集団もあった。例えば、「教師も人間、自分も人間。

人間には限界があるし、楽しみたい思いがあるし、価値は人それぞれだし、自由に過ごせばいいじゃん」などといった雰囲気が浸透しているのである。

そういう集団には、あえて、「この世の中には、大切な価値観がある」といった話をよくした。そして、この教室ではこういう価値観を大切に過ごしてほしいと、子ども達に繰り返し話した。

また、「どういう雰囲気（風土）を学級につくりたいか」を子どもに尋ねることもあった。

去年までいじめが頻発していた学年を受けもった際には、「安心して過ごしたい」という意見が数多く出された。よって、「人を攻撃しない」「人の悪いところは目をつぶる。人の良いところを探す」という風土をつくることを、子ども達と共通理解した。

子ども達と「このような雰囲気をつくろう」と共通理解すると、不思議と、子ども達は自らの行動を振り返りながら行動するようになった。「人を攻撃しないと約束したのに、あの言い方はまずかったな」などと反省しているのである。

そして、良い雰囲気が浸透してくると、子ども達も「雰囲気って大切だな」、「良い雰囲気をみんなでつくることができるのだな」と理解できてきた。こういう経験を学校でさせたいと思っていた。

2 マイナスの言動は、子どもの行動ではなく学級の雰囲気を変える

さて、ある年受けもった高学年の話である。

この学年を受けもつことになったとき、引継ぎで、「友達を馬鹿にする行動が多い」と伝達があっ

た。

四月、受けもってみると、確かに、友達の悪口を言う子が多くいた。

特に気になったのは、「一生懸命頑張っている子を馬鹿にする」行動であった。

本気で取り組んでいる子を見ては、「真面目にやって、いい子ぶっている」とか、「どうせお前にはできっこない」などと、マイナスの言葉かけをするのである。

その子ども達に、「本気で取り組むことには価値がある」という風土をつくろうと決心した。

一人ひとりの行動を注意しても、モグラたたきのようになってしまい、効果は薄かった。

一人に注意しても、また別の子が、人を馬鹿にする言動をしてしまうのである。

そこで、学級の雰囲気の方を変えることにした。プラスの言動を起こしやすい雰囲気をつくることにしたのである。

私がまず行ったのは、「友達にマイナスの言葉かけをしてしまう」という「マイナスの現状」を、いったん「ゼロベース」に戻すことだった。

つまり、「マイナスの言葉かけをする雰囲気をなくす」ことに、真っ先に取り組んだのである。

学級開きからしばらくして、「本気で取り組むことは素晴らしいことだ」、「本気で取り組む人を馬鹿にしてはいけないよ。失敗したとしても成長できるのだから、一生懸命やった頑張りを認めてほしい」と何度も話した。

話すだけでなく、本気で取り組んでいる子の頑張りを、ほめ、認め、励ましていった。

また、教師が何かに挑戦しているところを、子ども達に見せるようにした。そして、「挑戦すると自分の力が伸びる」、「挑戦していると失敗からも学べる」という話をしていった。

しかし、集団の雰囲気はなかなか変わらない。個人の習慣もなかなか変わらない。

私は、粘り強く取り組みを続けた。特に、マイナスの言葉かけをした子がいたら、全体の場でそれはいけないことなのだと話すようにした。全体の場で話をするから、全員が「マイナスの発言はいけないことだ」、「本気で取り組んでいる友達を馬鹿にしてはいけない」と共通理解できるからである。

一生懸命暗唱に挑戦しているのに、間違ったら笑うとか、逆上がりを真剣に練習しているのに、できないからといって馬鹿にするとか、そういう言動を見るたびに全員に話をした。

「人が真剣になってやっているのに、笑うとは相手に失礼です。失敗や、何かができないことは、誰にでもあることです。先生でもあります。教室はできない人にこそあるものなんです」

3 より良いプラスの雰囲気のつくり方

私が望ましい価値観や行動を語り、実際に率先垂範でやってみせることで、まずは「友達にマイナスの言葉かけをするのはよそう」という雰囲気ができてきた。

とりあえず「マイナスの状況」から、「ゼロベースの状況」になったのである。

さて、ここから「本気で取り組もう」、「頑張っている友達を認めよう」といったプラスの雰囲気をつくっていかなくてはならない。

しかし、困ったことに、「マイナス発言は止めておこう」というゼロベースの状況から、プラスの雰囲気をつくることは、さらに困難であった。つまり、互いにプラスの言葉かけをする雰囲気や、本気で取り組む雰囲気が、なかなかつくれなかったのである。

最も気になっていたのは、合唱であった。合唱の声がとても小さいのである。まともに歌おうとしないのである。それどころか、声を出さない子すらいるのである。

何となく恥ずかしいとか、友達も小さな声だから自分もそうするとか、いろいろ理由はあるのだろう。過去に、大きな声で歌って、誰かに馬鹿にされたり笑われたりした経験があるのかもしれない。

「本気で取り組むことは価値のあること」という風土をつくりたいのに、これではまずい。

合唱を何とか変えたいと思った。そこで、少しでも大きな声で歌ったら、その頑張りを認め、ほめていくことにした。小さな声でも「頑張ろうとした」姿勢が見られたら、その姿勢を認め、ほめていった。どうしても大きな声が出せない子には、美しい声で歌えているなどと別の面を認め、ほめていった。自信のない子には励ましていった。

このように「頑張りをほめ、認め、励ます」ことで、少しずつだが、歌声は大きくなっていった。

高い美しい声、しかも声量のある声になっていった。隣の学級の教師に聞いてもらい、ほめてもらったり、音楽専科の教師に聞いてもらってほめてもらったりした。

子ども達の自己評価は徐々に高まっていった。

友達同士で、歌声の良いところをほめ合うようにも伝えた。教師だけでなく、同級生にほめられると嬉しいものだ。また、ほめ合うことで、プラスの言葉かけをする雰囲気が生まれていった。

「ゼロベースの状況」から、プラスの雰囲気をつくるまでには、時間がかかった。

二学期に行われた音楽発表会が一つの転機になった。音楽発表会の練習では、他の学級に比べひときわ、高い美しい声、声量のある声で歌えるようになっていた。

音楽発表会の練習で、歌声を聴いた別の学級担任が、感動で涙を流しながら称賛の言葉を送るという出来事が起きた。子ども達の本気度は高まっていった。

いよいよ本番の日がきた。本番はこれまでの練習の成果を出せた子が多かった。会場の雰囲気に飲まれず、一生懸命歌う姿に私も感動した。

本番で高く美しい、そして声量のある歌声を披露できたとき、感極まって歌いながら涙を流した子もいた。

本番が終わり、保護者から感動したという手紙が多く届けられた。それを子ども達にも紹介した。子ども達は、家で保護者からほめられたと言っていた。

こうして、経験として、「本気で取り組むことは価値のあること」と、子ども達は心から理解できた。やがて一人、また一人と、本気で取り組む子が増えていった。また、プラスの言葉かけを自然とできるようになる子が増えていった。やる気をもつ子が増えてくると相乗効果を生み、学級の雰囲気がガラッと変わっていった。四月の頃が嘘のように、「本気で取り組もう」、「頑張っている友達を認めよう」という風土が生まれたのである。

こうなると、四月によく友達を馬鹿にしていた子も、新しい風土に従って行動するようになった。自然と、「本気で取り組む」、「頑張っている友達を認める」ようになっていったのである。

子どもの可能性を伸ばせるかどうかは、学級の雰囲気（風土）も影響するのである。

6 「学校は楽しい」と思えるイベントづくり

1 様々なイベントの機会を用意する

「学校は楽しいところだ」そのことを子ども達に味わわせたいと思っていた。

そのためにイベントを用意することが多くあった。

例えば、「全員が二十五メートル以上泳げるようになったから、パーティーをしよう」、「学習を頑張った人が多かったので、夏休み前に少し余裕時間ができたから、不思議な話や怖い話をみんなでやってみようか」といった具合である。

イベントをできるだけ子どもに任せることで、協働の楽しさも味わわせたいと思っていた。

「みんなで何かをつくりあげると充実した気持ちになる」

「みんなで協力すると気持ちがいい」

そんな気持ちを味わわせたかった。

私が提案するイベントだけでなく、子どもから提案するイベントも次々と行われていた。

「ダンス係が、全校の前でダンスを披露した」、「ゲーム係が、学年の子どもを呼んでゲーム大会をした」、「お楽しみ係が、希望者を募って全員で遊んだ」といった具合である。
子どもの中には、イベントでこそ力を発揮する子もいた。

2 出し物大会に学年全体で出場

高学年を受けもっていたある年、地域のイベントに参加してみようと子ども達に提案した。参加するイベントは、地域の祭りで行われる「出し物大会」である。「出し物」は、どういったものでもかまわない。

子ども達からアイデアを募ったところ、ダンスを披露することになった。話はどんどん広がり、結局、学年全体で希望者を募って参加することになった。

地域の祭りとはいえ、毎年何百人も参観者がいる大きなイベントである。それなりにダンスの練習をする必要があった。子ども達と一緒に、休み時間に少しずつ練習に取り組んだ。「失敗しても大丈夫」、「とにかくお祭りを盛り上げたらそれでいいから」、「当日はこんな風に先生は踊ろうと思う。みんなもどう踊るか考えておいてね」などと、「できそうだ」、「やれそうだ」という見通しをもたせるようにした。

唯一全員が集まって練習したのは、大会前日の三十分だけだった。

どの学校にも地域行事があるものだ。もちろん、参加するもしないも自由である。しかし、地域とのつながりを大切にするなら、地域に協力するのも、教師の大切な仕事だと考えていた。

そして何より、学校外でのイベントへの参加もまた、子どもの成長の場なのだと考えていた。当日は、結局、百名近くの子ども達が参加した。私も一緒になって踊った。

普段イタズラをして叱られている元気の良い子ども達が、大活躍した。私を含め、何人かは仮装して出場した。

多くの地域の方に見られるので、緊張を通り越して、足がガタガタ震え出した子もいた。しかし日記には、「すごく思い出に残る一日だった」、「一生忘れない、一体感があった」などと書かれていた。

3 授業でイベントを仕掛ける

小学校三年生を受けもっていた新卒時代、理科の学習をさらに発展させ、探究させる学習を行っていた。探究する問題は子ども達が設定した。

問題の多くは発展的な内容を含むものであった。例えば、「様々な昆虫の変態を調べる」、「保護色などの生き残り戦略を調べる」などである。

一学期に、モンシロチョウを卵から育てた。続いて、他のチョウや蛾の幼虫も育てた。蛾も、大変かわいらしいものや美しいものがいる。子ども達は、羽化したときには歓声を挙げ、しばらく育てた後で、優しく逃がすようにしていた。

昆虫の学習はさらに続き、カブトムシやクワガタ、カナブン、トンボ、バッタ、アリ、果てはダンゴムシやカタツムリなども育てるようになった。昆虫でない生き物もとってくるが、体のつくりを比較するには、他の動物も必要である。そう思って、とにかく身近な生き物を育てることを推奨していた。

そして六月。一つのイベントを仕掛けることにした。学年全員を集め、夜中にライトトラップを行うイベントである。学区の端、田園風景が広がる山の中の公園で、昆虫観察を行うのである。子ども達は大喜びだった。

大学院時代、博物館の仕事を手伝っていたことがある。その際、ライトトラップのやり方を学芸員に教えてもらっていた。学芸員と二人で人里離れた山中で行ったこともある。今回も同じ学芸員に助言を受けていた。「雨の後、夕暮れ時から始める」、「見晴らしがよく、下に森が広がっている斜面の頂上で行う」などである。

さて当日。参加者は、子どもと保護者を合わせて二百名を超えた。観察時間を調整しながら、一人ひとりが十分に昆虫に触れたり観察したりできるようにした。

白い大きな布にライトを照らし始めてからおよそ三十分、コガネムシ、スジクワガタ、オサムシと、次々と昆虫が集まってきた。

そして予定時刻になり、一学級ずつ交代で観察した。森の中の広い公園なので、公園内の散策も自由にできる。この散策自体が楽しかったという子どもも多くいた。何と言っても、夜中に懐中電灯を持って昆虫を探すのである。探検隊のようだったとの感想が多かった。

時間の経過とともに虫の数が多くなってきた。キマワリ、カメムシ、ナミテントウ、ナナホシテントウ、カミキリ、ドウガネブイブイ、コメツキムシ、美しい蛾が多数、ハネアリなどである。白い布にライトが当たっているのだが、その白い布が黒くなるほどに、虫が集まってくるのである。

なお、ライトの中、あえて「白Tシャツ」を着ていた私は、虫をおびき寄せる格好のトラップだった。当然、私の上半身は虫だらけになっている。しかし、大量の虫をつけて平然と立っている私を見て、子ども達も安心したのか、最初「こわーい」と言っていた子も虫を触ることができるようになった。やはり、実物を見たり触れたりする経験は大切だと感じた。

このイベントは保護者にも子どもにも大変好評であった。日記にも思い出に残る一日だったと書かれていた。

7 学級崩壊の立て直しに大切な「教育方法」と「子どもの意識改革」

学級崩壊の立て直しを、図らずも新卒から行ってきた。

立て直しに最低限必要だったのは、「教育方法の習得」であった。

授業や学級経営、子どもへの対応など、教育方法を、教師が身に付けておく必要があった。だから、必死に学んできた。何せ、当時の教員養成大学は、教育方法の習得を学生に行う意識が弱かったからである。

模擬授業は、大学院までの六年間、一度も行われることはなかった。指導案の作成すら大学で教えられることはなかった。それで、卒業できてしまっていたのである。

そもそも、当時の大学教員は、教育実習すら経験しておらず、学校現場で教えた経験もない人が多かった。そのため、教育方法を、学生に具体的に教えられなかったのである。

学級崩壊の立て直しは、教育方法がなければまったく太刀打ちできなかった。

では、学級崩壊の立て直しを行う上で、他に必要だったものは何か。それは、子どもの意識の変革である。子どもは学級崩壊という状態に慣れ親しんでいる。むしろ、学級の騒乱状態が、心地よい空間と感じるようになっている。

だから教師が、その心地よい空間を変えようとすると、抵抗し始めるのである。

あの手この手で教師に反抗したり、様々なトラブルを引き起こしたりする。それは実に創造的な行為であった。様々なトラブル、言い訳を用意して、何としてでも学級がより良くなるのを阻止しようとするのである。しかもそれは、無意識に、無自覚に行われていることすらあったのである。

もちろん学級が変わって欲しいと願っている子もいる。正常な学級に戻って欲しいと願っている子もいる。しかし多くの子は、これまでに慣れ親しんできた「心地よい環境」の変化を嫌がるのである。

そこで大切なのが、子どもの意識の改革である。

例えば、このような学級がすばらしいと、ゴールを意識させる。理想的な学級をゴールとしてイメージさせる。すると、ゴール側から子ども達は考えることができるようになる。

「一年後にこんな理想的な学級になっているとする。だとしたら、今はこういう学級になっていないといけない」このように考えられるようになるのだ。

すると、先ほどとは逆の現象が生じることになる。

子ども達は、「現在はこうあるべきだという状態」を意識できるようになり、その意識し始めたイメージの方に慣れ親しむようになる。すると、慣れ親しんだイメージ通りに、無意識のうちに、自分の行動を反省し、「理想の学級」というゴールに向かって行動するようになるのである。

私たちは皆、自分が重要だと思っている物事を認識し、重要だと思っている物事に沿って行動している。だから、その重要度を変えてやることが大切になる。子どもの意識の中の「何が重要なのか」を、より良い方向に変えていくのである。だから、子どもの行動も変わるのである。

Chapter 5

学校現場における問題に立ち向かうための成功法則

1 若い教師ほど学校現場のおかしさに気付いている

学校現場に出てから、おかしいと思えることが多々あった。例えば次のようなことである。

新卒教員の多くが、学級崩壊を起こしているのはなぜか

教員になった頃、新卒教員の多くが学級崩壊を起こしていた。

これは私の地域だけでなく、全国的な傾向であった。もはや、「大学を卒業して一年目に、学級崩壊を起こすのは普通」という雰囲気さえ、現場では生まれていた。一年で教壇を去る教師も少なくなかった。これは一体なぜなのか。何が原因なのか。そういうことを考えていた。

また、学校内での対教師暴力・暴言、子ども間の暴力・暴言も増加していた。不登校やいじめ、学力低下の問題も深刻化していた。これらに対しても、なぜなのかを考えていた。

他にも学校現場には、「おかしい」「なぜなのか」と思える出来事が多々あった。経験の浅い教師ほど、現場のおかしさはよく見えるようであった。現場経験が増すほどに、学校現場の「常識（非常識）」に馴染んでくるからである。より良い教育を追求するほどに、学校現場で軋轢が生じることもあった。

2 学校現場のおかしさ

1 おかしな提案

ある年、四月の職員会議で次の意見が出された。

「学級通信を出していない教師もいるのだから、学級通信を出すのは止めにしませんか」

学級通信を出していないと、保護者から怠慢に思われるから、全員出さないでほしいというのである。

学級通信は、保護者にとっても、子どもにとっても、無いよりはあった方が良い。

また、教師が自分の授業や学級の様子を振り返り、反省する際にも役立つはずである。

しかし、学級通信を出さない方に合わせてほしいというのである。結局、反対意見が出され、この意見は却下された。

ところがその後も、学級通信を発行している教員への圧力は続いた。私も多くの学級通信を出している一人だったが、管理職から「学級通信を出さないように」と言われたことがあった。

私の研究仲間もまた、学級通信を巡って、ひどい扱いを受けていた。中には、校長室に呼び出され、学級通信を止めるよう強く言われた人もいた。理由は同じで、学級通信を出していない人がいたからである。「あなただけ多く出すのはおかしい」、「足並みをそろえなさい」と、再三言われていた。周りから何度も妨害があるので、途中で学級通信を出すのを止めてしまった教師もいた。

これと同じようなことで、例えば、次のような要望が出されることがあった。

「ある学級はお楽しみ会などのイベントをする時間がないので、他の学級もやらないようにしてください」

「みんなで同じ授業に統一しませんか。学年で足並みをそろえることが大切です」

学級イベントを、各教員が創意工夫するのは良いことである。個性的な取り組みがあるからこそ、学級の特色や風土を生み出せるからである。しかし、「やらない」方にそろえるという。

授業方法の統一にも、無理がある。学級ごとに子どもの実態が異なるからである。むしろ、個々の実態に合わせ、最適な授業方法を選択すべきである。

また、授業のゴールや、内容の難易度などによっても、授業方法は変化させなくてはならない。様々な授業方法があるから、多様な子どもに対して、個別に最適な教育が行えるのである。

このように、時々おかしな提案が出されることがあり、そのたび話し合いを粘り強く行わなくてはならなかった。

なぜおかしいと感じられたのか。それは、子どもや保護者の利益になっていないからである。

また、成長性・将来性のある企業では、「レベルの低い方」に合わせることは決してしない。むしろ、成果を挙げている「レベルの高い活動をしている方」に合わせていくのが常識だからである。

2 おかしな要望

あるとき、次のように言われた。

「お客さんが校長室に来て会議をしているから、荷物を静かに運んでください」

子どもと一緒に、学芸会の荷物や、音楽発表会の楽器を運んでいたときのことである。

もちろん、子どもの安全第一である。遠慮無く音を立てて荷物を運ばせてもらった。子どもの利益を優先させたわけである。

他にも、給食の配膳で、おかしな要望があった。

私の学級は、給食の準備が早かった。私がやかましく言っていたのではなく、単に、給食を早く、たくさん食べたい子が多かったからである。それに、早く食べると休み時間が多くなるのも理由だった。

準備が早いので、食べ終わるのも早い。学校一、二を争う早さである。といっても無理はしていない。早く準備が終わり、食べる時間が多くなるから、早く食べ終わるだけである。食べ残しもほとんどない。

給食室で片付けを見守ってくれている栄養士達からは、「いつも早くて助かる」、「食べ残しが少なくてありがたい」などと感謝されていた。子ども達はますます早く準備し、しっかり食べるようになった。

ところが、これにも年配教師達からストップがかかった。

「自分の学級は給食の準備や片づけが遅い。遅いから、子どもが先生の学級をうらやましがっている。もっと遅く準備や片づけをしてほしい」

つまり、「遅い学級に合わせてほしい」と要望されたのである。

私は丁寧にお断りした。「先生の学級の子どもも早くやりたいと思っているようですので、その心を大切にして、早く準備や片付けをするよう呼びかけてみたらいかがでしょうか」と。

水泳の準備でも同じことを言われた。このときは、子ども達の方が憤慨してしまった。

私の学級は、早く泳ぎたい子どもが多く、準備は迅速に行われていた。

これに対して、やはり「遅い学級に合わせてほしい」と、年配教師から要望があったのである。

しかも、「他の学級が着替えるのを待ちなさい」と、早く並んでいる子ども達を叱ったのだ。

これに対し、子ども達が憤慨したのである。「どうして、早く着替えて整列している自分達が叱られないといけないんだ！　これまで早く並べた学級から移動を始めていたのに、何で急に待たないといけないんだ！」と言って。

他の学級では、遊びながら着替えているから遅くなる。早く準備して待っている学級が損をしてしまっている。結局このときも、丁寧に説明をし、早く並んでいる学級から移動する方向にもっていった。

このように、「おかしい」と思えることが起きるたび、少しでも良い方向にもっていく対応を続けていた。

3 突然の転校生

1 突然の連絡

それは十二月最初の月曜日のことだった。

「三日後に転校生がきます」

授業の合間に突然呼び出された私は、校長からそう告げられた。学期の途中、急に転校が決まったという。しかも、六年生だという。

理由を聞くと、学級の友達との折り合いが悪く、学校を変えることに話が進んだとのこと。あまり要領を得ない理由だった。

後から詳しく話を聞くと、学級が荒れており、陰湿ないじめが横行していたのだった。担任がいじめを止めるように言っても、いじめはエスカレートするばかり。学級も荒れていく一方。だから、学級で過ごせなくなったのである。

被害者側が、学期途中に転校するなどということは、通常、あり得ないことだった。この出来事は、学校の無力さを示していた。

2 転校までの出来事

受け入れ二日前に、保護者と面談した。

二時間近く話を聞いた。

いじめの実態、数々の事件、教室の様子、学校の対応、担任の対応、保護者は怒りを表に出さず、たんたんと語ってくれた。話を聞くほど、あきれてしまう内容であった。

子どもが修学旅行に参加しない意向を伝えたときには、担任は「班の人数が合わなくなるから来なさい」と言ったという。唖然とする話ばかりで面談を終えた。同席していた校長、教頭も同じ気持ちだったという。

「とにかく、安心して学校に行けるようになったらそれでいいんです」そう保護者は最後に言った。

受け入れ前日には、私の研究授業があった。

「今日あたり、前担任から連絡があるだろう」と、校長と教頭から言われていた。

放課後になり、私は職員室で電話を待つことにした。

校長と教頭に言わせれば、「普通の転校とは事情が違うのだから、前担任が引継ぎをするのは当然だ。絶対に連絡が来るはず」とのことであった。

「私から電話しましょうか」と言ってみたが、その必要はないと説得された。「あっちから連絡してくるのが筋だから待ちましょう」ということになった。

研究授業後の反省会をしながら、電話を待った。ところが、結局、電話連絡はなかった。

その後、同僚が手伝ってくれて、ロッカーや靴箱への記名、名簿作成、名札などの用意を済ませた。学級の子ども達は、放課後になって、黒板にメッセージを書いてくれた。「ようこそ！」と大きく書かれた文字の下に、様々なメッセージが飾られた。

係活動や当番活動、席替えなど、すぐに学校生活をスタートできる体制を整えた。

何せ、六年生なのである。残りたったの四ヶ月なのだ。一日たりとも無駄にはできない。

3 抗議の電話

転校してきて一週間。学級の子ども達は優しく転校生を受け容れてくれた。転校生も毎日が楽しいと言ってくれるようになった。私はホッと一安心していた。

ところが、転校してきて一週間経っても、要録などの必要資料が届かない。

元担任からの引継ぎの電話もない。

保健関係書類や学習の進度状況、成績の参考資料など、教育に必要な書類は、全て届いていない。郵送したとの連絡もない。成績処理や要録の記入があるのだから、これ以上待っていられない。残り一週間で、二学期は終わってしまうのである。

ついに、校長と教頭は我慢の限界を超え、転校元に抗議の電話を入れることになった。最初は教頭が相手側の教頭に連絡を入れた。口調はソフトだったが、担任の配慮のなさを伝えていた。

その日の夕方に、転校元の校長が謝罪の電話をしてきた。

そして次の日の朝である。職員朝礼の最中に、元担任から電話がかかってきた。

「何か私に用があるって教頭から聞いたんですけど。何の用でしょうか」

通常の転校でも、一言ぐらい挨拶があったっていい。学校によって学習進度や学習内容が異なることがあるのは自明である。

しかも、今回の転校は、いじめが原因で、学区を飛び越えて突然転校となったのである。特別な事情があったことや、必要な配慮事項などを引き継いで然るべきである。

ところが、朝の忙しい時間に電話をかけてきて、最初の一言が「何か用ですか」である。唖然としてしまった。

「転校生が来て、一週間になります。引継ぎ事項があれば、教えていただきたいのですが」と聞いてみた。すると、「特にないですよ」とのこと。

仕方ないので、「私がいくつかお聞きしたいことがありますので、いつかお会いできませんか」と尋ねてみた。すると、「今、電話で終わらせることはできませんか」とのこと。繰り返すが、朝のあわただしい時間帯の出来事である。

仕方ないので、「では、いくつかお聞きします」と言って、質問をした。

① 転校してきた理由。
② どの程度学校を休んでいたのか。
③ 不登校の子が通う特別教室にどれぐらい行ったのか。何をしていたのか。
④ 学習の進度状況。

⑤　今は二学期の終わりだが、成績をつけることは可能か。
⑥　総合的な学習の時間にはどんな内容をしていたか。所見に書くことは可能か。
⑦　精神的に配慮することはあるか。
⑧　いじめた側はどういう指導になっているのか。転校してきた子の生活根拠地は変わっていない。地元で生活しているときに、再びいじめが起きないようにしているのか。
⑨　学習教材は何を使用していたか。どれぐらい終わっているのか。
⑩　学習面で配慮することはあるか。
⑪　生活面で配慮することはあるか。
⑫　要録・保健関係書類などはいつ届くか。
⑬　冬休みや夏休みに地域の行事に参加することがあると思うが、前の学校の友達とも交流することになる。学級全体への指導はどうしているのか。
⑭　他の保護者への説明はどうなっているのか。

質問を続けているうちに、担任も気付いたようである。電話だけでの引継ぎは無理だと。

こうして、怒った口調で「電話だけで引継ぎができそうにないので、今日の夕方会いに行きます」と言われた。

しばらくして、再び転校元の校長から電話があった。「うちの担任が電話で引継ぎをしようとしていたようで誠に申し訳ない。きつく言っておきました」という内容であった。

夕方、なぐりがきで書いた引継ぎ事項を持って来て、少し説明したぐらいで帰ってしまった。去って行く姿を見ながら、校長も教頭も私も、大きなため息をついた。

文部科学省から各都道府県の教育委員会教育長宛に、今後の出席停止制度の運用の在り方の通知が来たのは、数年前のことである。「多くの児童生徒の安全や教育を受ける権利を保障する」ために、出席停止が必要となる場合もある。二〇〇一年の学校教育法改正によって、出席停止制度の適切な運用が明記されるようになった。

この制度と真逆の対応しかできず、被害者を転校させてしまったのは、学校の敗北とも言える出来事であった。せめて卒業までの四ヶ月、毎日いっそう楽しくやろうと決めた。

引き継ぎ後、卒業までの残り四ヶ月の戦略をノートにメモした。その最初の言葉に次のように書いた。

「友達と安心して暮らせる学校生活にすること。そして、自信を取り戻させること。もともとすばらしい人格、能力を備えている子なので、それが本来の自分なのだと思い出させてやるだけでいい」

つまり、安心・安全の確保と、自信を高めることの二つを基本方針としたのである。

これはいわば、学校教育の根幹なのだと、自分で書きながら思った。

いじめが流行すると、誰がいじめの対象になるのかはわからない。それがたまたま自分に回ってくることもある。月ごとにいじめの対象が変わっていった学級を、私は知っていた。だから、「まったく気にする必要はない」と、何度も伝えた。

四ヶ月後、その子は笑顔で卒業していった。中学校でも頑張る姿を見せてくれた。

4 より良い教育を求めて

おかしな習慣は、初めてその習慣に飛び込んだ人にしか見えないようである。しばらくすると、「非常識」であっても、「当たり前」に感じるようになってしまう。さらに時間が経つと、現場のおかしな習慣を、推奨する側にまわってしまっている。

だから、「おかしい」と感じるうちに、少しでも学校現場を良い方向に変えようとしてきた。その過程で、様々な軋轢が生まれることもあった。

しかし軋轢が生まれるのは、仕方ないと考えていた。

新しいやり方に変えようとしたら、賛成半分、反対半分ぐらいになるのが普通だからである。いや、反対の方が多くなることだってあるだろう。だから、軋轢が生じている方が、いわば正常な状態なのだと考えていた。子ども第一主義を貫いていれば、それ以外のことは些末なことだと考えていた。

「子どもにとって、価値ある教師になりたい」、「子どもにとって，価値ある学校をつくりたい」その一心で、行動を起こすようにしていた。いじめの問題にしても、学校できちんとした「予防、対応」のシステムを構築しなくてはならないと考えていた。

その場その場で、自分にできることを考え、少しでもより良い教育を生み出そうとしていた。

【著者紹介】

大前　暁政（おおまえ　あきまさ）

京都文教大学こども教育学部こども教育学科　教授

岡山大学大学院教育学研究科（理科教育）修了後，公立小学校教諭を経て 2013年４月より京都文教大学に着任。教員養成課程において，教育方法や理科教育に関する教職科目を担当。「どの子も可能性をもっており，可能性を引き出し伸ばすことが教師の仕事」ととらえ，学校現場と連携し新しい教育を生み出す研究を進めている。文部科学省委託体力アッププロジェクト委員，教育委員会要請の理科教育課程編成委員などを歴任。理科の授業研究が認められ「ソニー子ども科学教育プログラム」や「日本初等理科教育研究会優秀論文賞」に入賞。研究分野は，教育方法，理科教育，学級経営，生徒指導，特別支援教育，科学教材，教授法開発，教師教育など多岐にわたる。

主な著書に『本当は大切だけど，誰も教えてくれない　授業力向上　42のこと』『まちがいだらけの学級経営　失敗を成長に導く40のアプローチ』『本当は大切だけど，誰も教えてくれない　授業デザイン　41のこと』『子どもを自立へ導く学級経営ピラミッド』（以上，明治図書），『心理的安全性と学級経営』『できる教師の「対応力」―逆算思考で子どもが変わる―』『教師1年目の学級経営』（以上，東洋館出版社），『なぜクラス中がどんどん理科を得意になるのか』（教育出版），『学級担任が進める通常学級の特別支援教育』（黎明書房），『実践アクティブ・ラーニングまるわかり講座』（小学館），『学級経営に活かす　教師のリーダーシップ入門』（金子書房）など多数。

成功法則シリーズ

「問題発生時の対応力を付ける」ための成功法則

2025年２月初版第１刷刊　©著　者　大　前　暁　政

発行者　藤　原　光　政

発行所　明治図書出版株式会社

http://www.meijitosho.co.jp

（企画）木村　悠（校正）染谷和佳古

〒114-0023　東京都北区滝野川7-46-1

振替00160-5-151318　電話03(5907)6703

ご注文窓口　電話03(5907)6668

＊検印省略　組版所　藤　原　印　刷　株　式　会　社

Printed in Japan　ISBN978-4-18-311840-0